JN440134

몽생미셸에서 실려온 생의 찬미

강대환 글·사진

목차

두번째 이야기 | 부부

세번째 이야기 | 교육

네번째 이야기 | 노년

다섯번째 이야기 | 죽음

Prologue |

짧지 않은 생을 살아오면서 늘 염두에 두었던 화두는 어떻게 사는 것이 가장 아름다운 삶이 되는 것인가? 하는 것이었다. 생명의 옴과 감에 대해서는 신의 영역으로 치더라도 의식을 가진 한 존재로서 희노애락을 느끼며 사랑하고 이별하고 생명을 잉태하고 양육하며 살아있는 존재로서 말과 글로서는 모두 다 형언할 수 없는 것을 우리는 경험하며 살아왔다.

항상 진리처럼 느껴져 왔던 것은 상황을 직면한 그 당시에는 당면한 문제를 풀기에는 너무나 지식과 경험이 일천하여 늘 고민 끝에 최적의 방법이라고 생각한 것을 가지고 결론을 내어서 그 상황을 대처해 나왔었다. 하지만 시간이 흐르고 경험이 쌓이고 지식이 지혜가 되어 문득 생각나는 그 시절의 그 상황을 반추해 보면 얼굴이 화끈 달아오를 만큼 미숙한 판단을 하였음을 느껴보는 날들이 참 많았었다.

산다는 것은 살아있는 순간을 자각함과 아울러 그 과정을 가장 아름답고 살갑게 꾸려 나가는 것이 향기로운 것이 아닐까? 삶의 과정 과정이 생의 연속성 상에 쌓여서 한 사람의 결과가 형성되기에 더욱 과정에 충실한 삶은 한 인간의 인격은 세상을 떠나고 난 후에도 고매의 짙은 향기처럼 실려 올 수 있기에 삶의 순간 순간은 너무나 소중하고 아름다운 것이어서 정성을 다하여 가꾸어 나가야 하는 것이다.

지천명을 넘기며 살아온 날들을 되돌아 보면 삶에 있어서 나가 아닌 우리가 되는 순간부터 무엇이 가장 소중한 것일까? 하고 자주 생각을 해 보며 얻은 결론은 고전에 실려 온 "수신 제가 치국 평천하" 라고 하는 고답적인 경구이다.

말 그대로 자신의 몸과 마음을 닦고 가정을 화목하게 이루며 힘이 쌓이고 시야가 넓어져 이 세상에 온 소명을 다하기 위해 힘이 닿는다면 나라와 이 세계와 우주를 화평하게 대하는 것. 이것이 한 인간이 가야할 길이 아닌가 하고 생각을 해

본다.

수신이란 자신을 다스리고 수양을 게을리 하지 않는 것이다. 어떻게 보면 항상 자신이란 거리상으로 가장 가까이 있는 존재여서 자신을 다스린 다는 것은 식은 죽 먹기라는 생각이 얼핏 들기도 한다. 하지만 또 가장 알기 어렵고 가장 다스리기 힘든 것이 "자기" 라는 존재이다. 그러기에 고대의 선승들이 혹서와 혹한에도 좁은 공간에서 가부좌를 틀고 면벽수도에 전념하지 않았던가?

오로지 자기라는 이것이 "이 뭐꼬? " 라는 화두를 평생 붙들고 생을 마감하는 날까지 치열한 혈전장이 되어 피튀는 사투를 자신과 벌이지 않았던가. 이 우주가 너무나 커서 끝이 없고 알 수 없는 것이지만 자신만을 바로알고 바로 다 잡아 올바른 일념으로 생의 길을 간다면 그 한 인간의 삶은 우주를 다 품을 수 있음과 아울러 영광된 아름다운 삶을 영위할 수가 있게 된다.

"제가" 란 가정을 다스림을 말하며 가정을 다스림에도 올바른 자신의 모습으로 언행이 일치하여 배우자나 자녀들에게 기다림 없이 먼저 솔선수범하고 모범과 희생과 봉사를 생명에 있어 가장 소중한 공기나 물처럼 무색무취하게 한 발 앞서 생각하고 행동한다면 그 가정은 늘 화목하고 사랑과 축복이 넘치는 가정이 된다고 본다. 양념으로 가끔 차갑고 매서운 바람도 적절히 불어주어 환기를 해주고 변화를 가져간다면 더욱 상큼한 웃음이 피어나는 가정이 되리라.

이론과 구술적으로는 이렇게 표현할 수가 있지만 과연 어떻게 하는 것이 자신을 바로 아는 것이며 가장 인간적이며 향기로운 존재가 되는 것인 지, 또한 한 가정에 있어서 남편과 아내는 어떠한 존재이며 어떠한 역할을 가정 안에서 해야만 행복한 가정을 만들어 갈 수가 있고 훌륭한 자녀를 낳아서 양육하고 교육하며 또 손지 손너를 맞이하여 오순도순 살갑게 살아갈 수 있는 것인지?

아버지, 어머니는 그냥 아버지 어머니로서 보다는 아버지, 어머니의 역할을 아는 상황에서 가정생활에 임한다면 짧은 인생에 있어 더욱 보람차고 건실한 가정을 꾸려 나갈 수가 있게 될 것이라 생각한다. 그래서 아버지학, 어머니학, 할아버지학, 할머니학, 남편학, 아내학이 가정학, 경제학처럼 필요한 것은 아닌지 자주 생각을 하게 된다. 살아가는 과정이 매 순간 마다 다 다른 경우의 수로 전개가 되지만 그래도 공통적이고 누구나가 경험할 수 있는 일들은 체계적으로 정리를 해서 미리 알고 새로운 상황을 맞이하게 된다면 실수나 실패를 최소화하고 행복도 좀 더 가까이 있지 않을까?

앞에서 제기한 우스운 학문은 이상하게 들리겠지만 고민과 많은 생각을 해 보고 자료를 찾다보니 허무맹랑한 것은 절대 아니며 그것은 "삶의 지혜" 로 이어져 전해오고 있었다. 정말 부부학, 남편학, 아내학, 아버지학, 어머니학, 할아버지학, 할머니학, 탄생학, 죽음학 등은 생노병사에 연관되는 모든 사실들이 풀뿌리 하나의 비밀조차 밝힐 수가 없는 미미한 우리들 존재이지만 수천, 수만년 동안 지구상에서 만물의 영장으로서 삶을 살아오면서 축적된 지혜로움이 이곳 저곳에 녹여져 있고 숨겨져 있기에 가능한 것이다.

정리하여 공표를 하면 다 알 수가 있는 내용들로 구성이 되어 있지만 삶의 연속선 상에서 오고 감과 살아있음과 늙음과 병듦과 죽음을 일관되게 느껴 본다면 눈가에 이슬이 맺히며 숙연함과 거룩한 사명을 느끼는 장이 되지 않을까 하는 생각을 해 보며 "지혜의 전달자" 로서의 사명감을 느끼며 모두의 가슴이 뜨거워지고 글의 내용을 따뜻한 가슴으로 전해 주고 싶다면 그것은 아름다운 세계로 나아가는 것이며 향기로운 삶 속에 편승하게 되는 소중한 시점이 되는 것이다.

문화나 복지는 건강한 삶을 사는 마인드로 가득찬 사람들이 곁에 많이 있고 화목한 가정이 웃음에 전념되듯 자꾸 생겨날 때 그 찬란한 꽃을 피우게 되며 머리보다는 따뜻한 가슴 속의 밀어와 밀어가 소리없이 마주할 때 우리들 삶을 한 단계 더 고양시킬 수가 있게 되리라 보며 이 작은 소망의 책이 아낌없는 지혜와 슬기로움으로 각 가정에 향기를 드리는 계기가 되기를 빌어 본다.

2012년 4월

정발산 나목의 거룩함을 감사함으로 느끼며…

첫번째 이야기 | 인생

인간은 의미, 곧 뜻을 추구하는 본성을 지녔기에
삶에 대한 의미를 깨닫는 것이 다른 무엇보다
가장 값진 것이고 시련의 때를
극복하여 나갈 자산이 된다.

항상 감사하기

10대 자녀가 반항을 하면
그건 아이가 거리에서 방황하지 않고 집에 잘 있다는 것이고,

지불해야 할 세금이 있다면 그건 내게 직장이 있다는 것이고,

파티를 하고 나서 치워야 할 게 너무 많다면
그건 친구들과 즐거운 시간을 보냈다는 것이고,

옷이 몸에 좀 낀다면 그건 잘 먹고 잘 살고 있다는 것이고,

주차장 맨 끝 먼 곳에 겨우 자리가 하나 있다면
그건 내가 걸을 수 있는 데다 차도 있다는 것이고,

난방비가 너무 많이 나왔다면
그건 내가 따뜻하게 살고 있다는 것이고,

교회에서 뒷자리 아줌마의 엉터리 성가가 영 거슬린다면
그건 내가 들을 수 있다는 것이고,

온몸이 뻐근하고 피로하다면
그건 내가 열심히 일했다는 것이고,

이른 새벽 시끄러운 자명종 소리에 깼다면
그건 내가 살아있다는 것이고,

이메일이 너무 많이 쏟아진다면
그건 나를 생각하는 사람들이 그만큼 많다는 것이지요.

마음속에 나도 모르게 일궈진 불평, 불만들,
바꾸어 생각해 보면 또 감사한 일이라는 것을……

역발상은 일상의 매너리즘을 가뿐히 날려버리는 훈풍이죠.
또한 창의성을 낳는 모태이기도 합니다.

동일시

매력적인 입술을 가지려면
친절한 말을 하라.

사랑스런 눈을 가지려면
사람들 속에서 좋은 것을 발견하라

날씬한 몸매를 원하면
배고픈 사람들에게 음식을 나눠주라.

아름다운 머릿결을 가지려면
하루에 한 번 아이로 하여금
그 머릿결을 어루만지게 하라.

균형잡힌 걸음걸이를 유지하려면
당신이 결코 혼자가 아니라는
사실을 기억하며 걸으라.

물건뿐 아니라 사람도
새로워져야 하고, 재발견해야 하며,

활기를 불어넣어야 한다.

어떠한 사람도 무시되어선 안 된다.

당신이 도움의 손길을 필요로 할 때
당신 역시 팔 끝에 손을 갖고 있음을 기억하라.

나이를 먹으면서 당신은 알게 될 것이다.
당신이 두개의 손을 갖고 있음을.
한 손은 당신 자신을 돕기 위해,
그리고 나머지 한 손은 다른 사람을 돕기 위해...

동일시의 대상 호오돈의 큰바위 얼굴이 생각납니다.
아름다움을 꿈꾸는 자 아름답게 될 것이며 사랑받기 위해 심성을 가꾸는 자 사랑 받으리라. 꽃 보기 희망 하는자 꽃 심을 것이며 부처되기 원하는 자 온갖 물상에서 부처를 보리라.

남자의 소망

남자의 인생에는 세 갈래의 길이 있다.

하나는 처자를 위한 굳건한 아버지의 길이고
하나는 사회적 지위의 상승과 성공의 길이고
하나는 언제든 혼자일 수 있는 자유의 길이다.

남자의 인생에는 세 여자가 있다.

하나는 아내가 닮았으면 하는 어머니이고
하나는 전능한 어머니였으면 하는 아내이고
하나는 가슴에 숨겨두고 몰래 그리는 여인.

남자의 인생에는 세가지 갖고 싶은 게 있다.

하나는 자신을 징그러울 만큼 꼭 닮은 아들이고
하나는 죽을 때까지 잊을 수 없는 첫사랑을
하나는 목숨 다할 때까지 효행하고픈 부모이다.

남자의 인생에는 세번의 몰래 흘리는 눈물이 있다.

하나는 첫사랑을 보낸 후 흐르는 성숙의 눈물이고
하나는 실패의 고배를 마신 후 뼈아픈 눈물이고
하나는 부모를 여의었을 때의 불효의 피눈물이다

남자의 인생에는 세가지 중요한 것이 있다.

하나는 인생을 걸고 싶을 만큼 귀한 친구이고
하나는 고단한 길에 지침이 되어주는 선배이고
하나는 자신을 성숙케 하는 책이다.

남자는 배 여자는 항구 참 잘 지은 노랫말이군요.

네가지를 인정하면 인생살이가 한결 수월하다

첫째,

제행무상(諸行無常)태어나는 것은 반드시 죽는다.

형태 있는 것은 반드시 소멸한다. '나도 꼭 죽는다' 라고 인정하고 세상을 살아라. 죽음을 감지하는 속도는 나이별로 다르다고 한다. 청년에게 죽음을 설파한들...자기일 아니라고 팔짱을 끼지만 노인에게 죽음은 버스정류장에서 차를 기다림과 같나니 하늘. 부모. 남편. 아내라 할지라도그 길을 막아주지 못하고, 대신 가지 못하고, 함께 가지 못한다. 하루 하루, 촌음(寸陰)을 아끼고 후회 없는 삶을 사는 것이 죽음의 두려움을 극복하는 유일한 외길(오직 한 길)이다.

둘째,

회자정리(會者定離)-만나면 헤어짐이 세상사 법칙이요 진리이다.

사랑하는 사람. 일가친척. 남편. 부인. 자식. 명예. 부귀영화 영원히 움켜쥐고 싶지만..하나 둘 모두 내 곁을 떠나간다.인생살이가 쉼 없는 연속적인 흐름인 줄 알아야 한다. 매달리고 집착하고 놓고 싶지 않는 그 마음이 바로 괴로움의 원인이며 만병의 시작이니, 마음을 새털같이 가볍게 하는 지혜가 필요하다.

셋째,

원증회고(怨憎會苦)-미운 사람, 싫은 것, 바라지 않는 일.. 반드시 만나게 된다.

원수. 가해자. 아픔을 준 사람. 꼴도 보기 싫은 사람도 만나게 되며, 가난. 불행.

병고. 이별. 죽음등 내가 피하고 싶은 것들이 나를 찾아온다. 세상은 돈다..빙글 빙글..주기적 싸이클로. 나도 자연의 일부인 만큼 싸이클이 주기적으로 찾아온다. 이를 '라이프 싸이클(life cycle)' 이라한다. 현명하고 지혜롭고 매사에 긍정적인 사람은 능히 헤쳐 나가지만 우둔하고 어리석고 매사에 소극적인 사람은 그 파도에 휩쓸리나니 늘 마음을 비우고 베풀며 살아라.

넷째,

구득불고(求得不苦)-구하고자, 얻고자, 성공하고자, 행복하고자.

하지만 세상 살이가 그렇게 만만치 않다. 내가 마음 먹은 대로 다 이루어지면 고통도 없고 좋으련만 모든 것은 유한적인데 비해 사람 욕심은 무한대이므로 아무리 퍼 부어도 채워지지 않는 항아리와 같다. 그러므로 욕심덩이 가득한 마음을 조금씩 털어 비워가야 한다. 자꾸 털어내고 가볍게 할 때.. 만족감.. 행복감.. 즐거움이 그를 따른다. 마치 형체를 따르는 그림자와 같이.

비움, 느림, 베풂, 배려와 부처님 열반시 하신 말씀이 생각나는군요. 팔만사천 많은 법문을 설하시고도 나는 한 것이 없다고 하신 말씀 얼마나 내려 놓고 또 내려 놓아야 그렇게 말 할 수가 있을까요. 모든 인간이 조그만 일을 침소봉대하는 세상에.

데일 카네기의 인간관계 30가지

1. Dont criticize, condemn or complain.
상대방의 의견에 비판, 멸시, 불평은 하지 마세요.

2. Give honest, sincere appreciation.
진솔한 이해로 다가가세요.

3. Arouse in the other person an eager want.
상대방이 원하고 바라는 것에 귀 기울여 보세요

4. Become genuinely interested in.other people.
진심으로 타인에 대한 관심을 가져보세요.

5. Smile!
웃어봐요!

6. Remember that a persons name is to that person the sweetestand most import! ant sound in any language.
상대방의 이름을 부르는 소리는 세상 그 어떤 것보다듣기 좋은 소리라는 걸 기억하세요.

7. Be a good listener. Encourage others to talk about themselves.
좋은 경청자가 돼보세요. 상대방이 자신에 대해 스스로 거리낌없이 말할 수 있도록 편한 분위기를 만들어 주세요.

8. Talk in terms of the other persons interests.
상대방의 관심사에 대한 이야기를 화제로 삼아보세요.

9. Make the other person feel import! ant and do it sincerely.
진심어린 맘으로 상대방이 본인에게 정말 중요한 사람이라고 느끼게 해 주세요.

10. The only way to get the best of an argument is to avoid it!
논쟁은 되도록 피하세요!

11. Show respect for the other persons opinions. Never say, "You' re wrong! "
상대방의 의견에 절대로 "그건 아니야" 라는 말은 하지 마세요. 상대방의 의견을 존중해주세요.

12. If youre wrong, admit it quickly and emphatically.
자신이 틀렸을 때는, 되도록 빨리, 똑부러지게 인정하세요.

13. Begin in a friendly way.
친근하게 다가가세요.

14. Get the other person saying "YES, YES" immediately.
상대방에게 "그렇지, 그렇지" 하는 반응을 이끌어 내도록 해봐요.

15. Let the other person do a great deal of the talking.
자신보다 상대방이 더 많은 얘기를 할 수 있도록 해 주세요.

16. Let the other person feel the idea is his or hers.
같이 나눈 이야기라도 상대방으로 하여금 온전한 자기 생각이라고 느끼게 해주세요.

17. Try honestly to see things from the other persons point of view.
진심으로 입장을 바꿔놓고 생각하도록 노력해보세요.

18. Be sympathetic with the other persons ideas and desires.
상대방의 생각이나 욕구에 감정이입을 해보세요.

19. Appeal to the nobler motives.
더 가치있는 동기에 호소해 보세요.

20. Dramatize your ideas.
생각을 극화해서 재밌게 풀어 나가보세요.

21. Throw down a challenge.
가끔 깊은 생각을 요구하는 질문을 해보세요.

22. Begin with praise and honest appreciation.
어떤 말이든 칭찬과 진솔한 이해가 담긴 말로 말문을 열어봐요.

23. Call attention to peoples mistakes indirectly.
상대의 실수를 조용히, 살며시 지적해 주세요.

24. Talk about your own mistakes before criticizing the other person.
상대의 잘못을 지적하기 전에 본인이 실수한 얘기부터 꺼내보세요.

25. Ask questions instead of giving direct orders.
직접적인 명령투의 말보다는 우회적인 질문을 해 보세요.

26. Let the other person save face.
상대방이 무안해하지 않도록 해 주세요.

27. Praise the slightest improvement and praise every improvement. Be "Hearty in your approbation and lavish in your praise".
조그만 발전에도 아낌없는 칭찬을 해 주세요.

28. Give the other person a fine reputation to live up to.
상대방에게 자신감을 주는 말들을 많이 해 주세요.

29. Use encouragement. Make the fault seem easy to correct.
질책보다는 격려로 다가서세요. 상대방으로 하여금 그들의 실수나 약점이 고치기 쉬운 것이라 느끼게 해 주세요.

30. Make the other person happy about doing the thing you suggest.
상대방이 행복해질 만한 일들을 권해 주세요.

성공하는 사람들의 제 1조건은 대인관계를 중요시 한다는 것이죠. 이것을 잘 하기 위해 중요한 것은 열려진 마음의 경청이죠. 내 말만 하려고 하지말고 수긍하는 자세로 잘만 들어 주면 상대방은 나를 잊지 못할 좋은 친구로 기억을 하는 거랍니다.

마음이 행복해지는 글

'오늘' 이란 너무 평범한 날인 동시에 과거와 미래를 잇는 가장 소중한 시간이다.

– 괴테 –

인생에는 진짜로 여겨지는 가짜 다이아몬드가 수없이 많고, 반대로 알아주지 않는 진짜 다이아몬드 역시 수없이 많다.

– 타거 제이 –

희망이 도망치더라도 용기를 놓쳐서는 안된다. 희망은 때때로 우리를 속이지만, 용기는 힘의 입김이기 때문이다.

– 부데루붸그 –

'노(no)' 를 거꾸로 쓰면 전진을 의미하는 '온(on)' 이 된다. 모든 문제에는 반드시 문제를 푸는 열쇠가 있다. 끊임없이 생각하고 찾아 내어라.

– 노먼 빈센트 필 –

삶이란 우리의 인생 앞에 어떤 일이 생기느냐에 따라 결정되는 것이 아니라 우리가 어떤 태도를 취하느냐에 따라 결정되는 것이다.

– 존 호머 밀스 –

당신만이 느끼고 있지 못할 뿐.. 당신은 매우 특별한 사람입니다.

– 데스몬드 투투 –

행복의 문 하나가 닫히면 다른 문들이 열린다. 그러나 우리는 대게 닫힌 문들을 멍하니 바라보다가 우리를 향해 열린 문을 보지 못한다.

– 헬렌 켈러 –

힘든 장애물에 부딪혀 넘어지고 실패하는 것은 결코 부끄러운 일이 아닙니다. 실패 역시 꿈에 속하는 것이기 때문입니다.

– 슈레더 –

누군가를 사랑한다는 것은, 우리의 인생 과업중에 가장 어려운 마지막 시험이다. 다른 모든 것은 그 준비 작업에 불과하다.

– 라이너 마리아 릴케 –

진정 우리가 미워해야 할 사람이 이 세상에 흔한 것은 아니다. 원수는 맞은편에 있는 것이 아니라 정작 내 마음 속에 있을 때가 더 많기 때문이다.

– 알랭 –

희망은 잠자고 있지 않는 인간의 꿈이다. 인간의 꿈이 있는 한, 이 세상은 도전해 볼 만하다. 어떠한 일이 있더라도 꿈을 잃지 말자, 꿈을 꾸자. 꿈은 희망을 버리지 않는 사람에겐 선물로 주어진다.

– 아리스토 텔레스 –

재능이란, 자기 자신을, 자신의 힘을 믿는 것이다. 넘어져라!
넘어지지 않으면 자전거는 탈 수 없다.

– 무명씨 –

행복은 깊이 느낄 줄 알고, 단순하고 자유롭게 생각할 줄 알고 삶에 도전할 줄 알고 남에게 필요한 삶이 될 줄 아는 능력으로부터 나옵니다.

– 스톰 제임슨 –

희망은 판도라 상자가 열려 모든 것이 다 날아간 뒤에 마지막으로 남아있던 것이죠. 희망이 있다는 것은 역설적으로 생을 살다보면 절망적인 것이 너무나 많다는 것이죠. 이러할 때 삶의 지혜와 체험이 녹아있는 희망의 글귀를 늘 대하고 있노라면 절망은 희망으로 탈바꿈하는 요술을 보여 준답니다.희망이 있으면 삶은 행복해 진답니다.

복받는 삶 50

복은 달라고 기도한다고 얻어지는 것이 아니라, 주어진 순간 순간을 어떻게 연출하느냐에 따라 생겨난다. 누구에게나 하루는 24시간 1440분이다. 주어진 시간을 보석처럼 빛나게 만드느냐 잡석처럼 무가치하게 버리느냐는, 스스로 결정하는 것이다. 운명의 주체가 자기 자신이기 때문이다.
한번 뿐인 삶을 복받는 삶으로 만드는 비결 50가지.

1. 웃음으로 시작하고 웃음으로 마감하라. 여기가 천국이다.

2. 기쁨으로 수용하라. 기뻐하면 기뻐할 일만 생겨난다.

3. 힘든 것에는 뜻이 있다. 감사함으로 수용하라.

4. 믿음의 열도를 10배로 늘여라. 100배의 수확이 보장된다.

5. 모두를 위하는 사람이 되라. 그것이 나를 위하는 지름길이다.

6. 진리가 아니면 따르지 말라. 길 한번 잘못들면 평생 후회한다.

7. 인연을 소중히 하라. 인연중에 소중하지 않은 인연은 없다.

8. 인생 드라마는 스스로 연출한다. 명연기를 보여주라.

9. 건강해야 건강한 운을 만든다. 과욕을 버려라.

10. 잠에서 깨어나라. 그래야 지혜의 눈을 크게 뜰 수있다.

11. 하늘은 스스로 돕는 자를 돕는다. 하늘이 좋아하는 자가 되라.

12. 지혜로운 사람이 되라. 어리석은 사람은 길을 두고 모로간다.

13. 자신의 무한 능력을 발견하라. 복된 나날이 펼쳐진다.

14. 머리를 써라. 머리는 하늘이 나에게 준 보물창고다.

15. 실패를 뒤집어보라. 그 속에 성공이 들어있다.

16. 아낌없이 베풀어라. 샘물은 퍼낼수록 맑은 물이 솟아난다.

17. 자신의 눈을 믿지 말라. 남의 눈으로 자신을 바라보라.

18. 최대의 기쁨으로 하루를 맞이하라. 살아있는 날은 경축일이다.

19. 먼저 부모를 공경하라. 자손대대로 번영한다.

20. 눈앞의 문제에 집착하지 말라. 문제 뒤에 해답을 찾아내라.

21. 나날이 향상하라. 향상하지 않으면 퇴보한다.

22. 남의 말을 좋게하라. 없던 복도 굴러온다.

23. 음식만 골라 먹지 말라. 말도 골라서 하라.

24. 복을 많이 지어라. 내가 지은 것만이 내 것이 된다.

25. 복을 달라고 안달하지말라. 복을 담을 그릇을 먼저 만들어라.

26. 가슴펴고 당당하게 살아가라. 병든 닭처럼 비실대지 말라.

27. 오늘은 나의 시간, 내일은 신의 시간. 나의 시간을 창조하라.

28. 어떤 일에도 불평하지 말라. 불평은 불운을 끌고 다닌다.

29. 항상 감사하라. 감사할 때 천사의 손길이 나에게 다가온다.

30. 남이 만나고 싶어하는 사람이 되라. 외면하는 사람은 되지말라.

31. 좋은 취미를 만들어라. 좋은 취미로 풍요로운 삶이 만들어진다.

32. 불행중 다행은 있어도 다행중 불행은 없다. 안심하고 살아가라.

33. 쓰러짐을 부끄러워말라. 일어서지 않음을 부끄러워 하라.

34. 신념에 불타는 친구를 사귀어라. 좋은 친구는 우량주식이다.

35. 부정적인 친구는 만나지 말라. 그는 친구가 아니라 원수다.

36. 아는 길도 물어가라. 내가 안다고 아는 것이 아니다.

37. 안풀리는 것은 일단 멈춤신호다. 멈춘다음 원인을 찾아내라.

38. 남의 잘못은 한눈을 감아라. 잘함을 볼때는 두눈을 크게 떠라.

39. 세상 만사 우연은 없다. 인연을 소중히 하라.

40. 진심으로 봉사하라. 10배 100배의 축복이 펼쳐진다.

41. 투덜대지 말라. 그러다간 평생 덜덜대며 살게된다.

42. 상상력을 키워라. 상상은 현실을 만드는 청사진이다.

43. 우물안 개구리가 되지 말라. 기회는 하늘의 별 만큼 많다.

44. 끊임없이 기도하라. 기도는 영혼의 호흡이다.

45. 자신을 칭찬하라. 자신은 사랑받기 위해 태어난 사람이다.

46. 자신을 해방시켜라. 자신은 노예가 아니라 주인이다.

47. 가정은 행복을 만드는 성전이다. 성전을 빛나게 하라.

48. 문제가 생긴 다음 기도하지 말라. 평상시부터 거래를 터라.

49. 활기찬 노래를 불러라. 활기찬 노래는 성공행진곡이다.

50. 어깨동무하며 어린시절로 돌아가라. 희망이 함께 자란다.

복은 저절로 오는 것이 아니라고 옛분들은 말을 하지요. 받을 준비가 된 사람에게 온다고 말이죠. 그래서 어른들은 복을 불러 들이기 위해 항상 사립문을 깨끗이 청소를 했죠. 복이 들어오는 초입이 문간이니까요. 요즘은 아파트 생활을 하다보니 복받기 위해서는 현관부터 깨끗이 해야 하겠네요. 복을 짓기 위해서는 적선을 보이지 않게 많이 하라고 하지요. 늘 아름다운 마음을 지닌 사람은 대대손손 복이 함께 하나 봅니다.

빈손으로 남에게 베풀 수 있는 일곱가지

어떤이가 부처님을 찾아가 호소하였습니다.

"저는 하는 일 마다 제대로 되는 일이 없으니, 이 무슨 까닭입니까?"

"그것은 네가 남에게 베풀지 않았기 때문이니라."

"저는 아무것도 가진게 없는 빈털털이입니다. 남에게 줄것이 있어야 주지 무얼 준단 말씀 입니까? "

"그렇지 않느니라 아무 재산이 없더라도 줄 수 있는 일곱 가지는 있는 것이다."

첫째는,

화안열색시(和顔悅色施) : 얼굴에 화색을 띠고 부드럽고 정다운 얼굴로 남을 대하는 것이요.

둘째는,

언사시(言辭施) : 말로써 얼마든지 베풀수 있으니 사랑의 말, 칭찬의 말, 위로의 말, 격려의 말, 양보의 말, 부드러운 말 등이다.

셋째는,

심시(心施) : 착하고 어진 마음으로 자신의 마음의 문을 활짝 열고 따듯한 마음을 주는 것이다.

넷째는,

안시(眼施) :호의를 담은 부드럽고 편안한 눈빛으로, 사람을 보는 것처럼 눈으로 베푸는 것이요.

다섯째는,

신시(身施) :몸으로 때우는 것으로 남의 짐을 들어 준다거나, 예의바른 공손한 태도로 남의 일을 돕는 것이요.

여섯째는,

상좌시(床座施) :다른 사람에게 자리를 내주어 양보 하는 것이고

일곱째는,

방사시(房舍施) :사람을 방에 재워주는 보시로서 굳이 묻지 않고 상대의 속을 헤아려 알아서 도와주는 것이다.

남에게 베풀것은 상대방의 입장에서 찾아보면 참 많을 것 같아요. 항상 자신의 눈과 마음으로 사물 중심의 생각으로 찾다보니 없어 보이지만 말이죠.

사람보는 지혜

군자는 사람을 쓸 때에,

1. 먼 곳에 심부름을 시켜 그 충성을 보고.

2. 가까이 두고 써서 그 공경을 보며.

3. 번거로운 일을 시켜 그 재능을 보고.

4. 뜻밖의 질문을 던져 그 지혜를 보며.

5. 급한 약속을 하여 그 신용을 보고.

6. 재물을 맡겨 그 어짐을 보며.

7. 위급한 일을 알리어 그 절개를 보고.

8. 술에 취하게 하여 그 절도를 보며.

9. 남녀를 섞여 있게 하여 그 이성에 대한 자세를 봅니다.

열 길 물속은 알아도 한 길 사람 속은 알 수 없다는 말이 실감나는 군요. 다 내 마음 같으면 아무런 문제가 없으련만 어느 별 어느 환경에서 왔는지는 모르지만 가장 본질적인 것은 늘 믿음으로 일치하는 삶을 살았으면 좋을 것 같네요.

사십구재 (四十九齋)

사십구재(四十九齋)는 왜 지내나? 사람이 죽고 나면 생전에 지은 업식에 따라 제 갈 길을 찾아 간다고 합니다. 스스로 생전에 지은 업식에 따라 윤회를 하는 것입니다.

그러나 이 생에 집착이 강한 사람일 경우 인연 따라 제 갈 길을 찾아 가지 못하게 됩니다. 집착하는 마음이 장애가 되어 발길을 붙잡고 가지 못하게 만드는 것입니다. 그래서 불교에서는 사람이 죽었을 때 곡을 하며 구슬피 울지 말라고 조언합니다. 나를 위해 슬피 울어주는 그 사람에게 집착을 하여 가야할 길을 제대로 가지 못하고 이 생을 떠돌게 될 수 있기 때문입니다.

이렇게 갈 길 몰라 헤매이는 영식들은 괴로운 나날을 이 생에 머물며 보내게 됩니다. 그렇게 되는 것을 막아 바른 길 갈 수 있도록 하기 위해서 우리는 사십구재(四十九齋)를 지내줍니다. 혹은 사십구일 동안의 사이에 결정되게 될 다음 생에 대해 보다 밝은 부처님 법을 들려줌으로써 보다 좋은 몸을 받아 가거나 극락국토에 왕생할 수 있도록 하기 위하여 사십구재를 지냅니다. 사십구재는 죽은 이의 명복을 빌고 좋은 세상으로 나아가도록 하기 위해 49일 동안 하는 천도의 식입니다.

그러므로 사십구재며 천도재는 영가들에게 밝은 부처님 법을 들려주어 보다 밝은 지혜로써 밝은 길 찾아 갈 수 있도록 이끌어 주는데 그 목적이 있다고 하겠습니다. 죽은 영가는 생전에 가지고 있던 온갖 습(習)들과 생전의 의식을 그대로 가지고 있기 때문에 죽어서도 생전에 집착하던 모든 것에 착을 둡니다. 물론 생전의 마음자리 또한 그대로 가지고 있게 됩니다.

그렇기에 천도재를 할 때에는 돌아가신 분의 영식이 생전의 의식 그대로이기에 생전에 모시는 것처럼 그대로 상을 차려 놓고 절하는 등 예를 다해야 하며, 마음 또한 생전의 마음자리 그대로이기에 그 참주인공 마음자리가 서로 하나임을 바로 보게 하여 보다 밝은 지혜로 밝게 이끌어 주려는 마음이 우선되어야 합니다.

천도재(薦度齋)란 생전의 업식(業識)으로 인해 생에 집착하여 괴로워하고 있는 영가에게 무상(無常), 무아(無我)로 일체가 공(空)하다는 부처님 가르침을 일러주고, 참주인공 마음자리는 너와 나, 부처님 마음자리가 서로 하나임을 바로 깨치게 하여 생전의 업식에 끄달려 집착하지 않고 밝은 지혜를 얻어 바른 길 갈 수 있도록 인도해 주는 것을 말합니다. 그러므로 천도하는 이의 마음은 영가의 마음과 천도를 지내는 이의 마음이 밝은 불성 주인공으로써 근본이 하나임을 바로 알고 굳게 믿어야 합니다. 그렇듯 주인공 본바탕이 하나이기 때문에 산 사람이 죽은 사람 천도를 해 줄 수 있는 도리가 나오는 것입니다. 그렇게 영가와 나의 근본이 하나임을 바로 믿기 때문에 내가 부처님의 법을 영가에게 들려주고 경전을 독경하며 염불해 줌으로 인해 마음에서 마음으로 전달하는 것입니다. 그러니 천도를 하는 이의 마음은 '영가님 좋은 곳에 가십시오' 라고 하기 보다는 '영가님과 저의 마음 둘이 아니니 참주인공 마음자리를 바로 보고 깨우치십시오.' '부처님 가르침인 무상(無常), 무아(無我), 공(空)의 도리를 바로 깨쳐 어디에도 착을 둘 바가 없음을 바로 깨쳐보십시오' 하는 마음이 되어야 합니다. '내가 영가를 천도해 준다' 가 아니고 '나와 영가의 마음이 둘이 아니기에 그 한마음 도리를 굳게 믿고 한생각 돌이켜 일체의 끄달림을 턱 하고 놓아버린다' 는 마음이라야 합니다. 이 이치를 알고 보면 나의 수행하는 삶이 그대로 천도가 될 수 있습니다. 내 마음 바로 잡아 수행하는 것이 최고의 천도가 됩니다. 참생명의 근원은 둘이 아니기 때문입니다. 천도재를 하는데 비용은 얼마가 들고 상은 어떻게 차려야 하는지가 중요한 것은 아닙니다. 형식에만 치우치고 마음도리를 도외시한다면 그건 한참 잘못된 것입니다. 천도에 임하는 이의 마음자세 그

하나가지고도 이미 천도는 되는 것입니다. 물론 형식적인 부분 또한 쉽게 넘기기만 할 문제는 아니라고 봅니다. 겉에 드러난 상차림 그 자체에 이미 마음이 담겨있기 때문입니다. 상을 차릴 때에는 수고로움을 아끼지 말고 오직 지극한 마음으로 스스로 준비에 임해야 할 것입니다. 절에서 다 해주니 절에 잠깐 와서 재에 참석하고 차린 음식 먹고 돌아가면 되지 하는 마음 가지고는 될 수가 없습니다. 또한 천도를 할 때에는 내 스스로 한다는 마음이 있어야 합니다. 천도 시작하는 날 와서는 '스님, 스님만 믿습니다.' '잘 부탁드립니다.' 하고는 잠시 참여했다가 훌쩍 가 버린다면 되려 조상을 욕되게 하는 것입니다. 무엇보다도 영가와 인연이 깊은 당사자의 정성이 가장 중요함을 아셔야 합니다. 그래서 천도를 할 때에는 가족 몇 명만 와서 하지말고 모든 가족, 친지가 함께 모여 밝은 정성으로 동참하라고 하는 것입니다. 또한 그렇게 끝내놓고 나서 '이렇게 했으니 이제 천도가 되었겠지', '천도했으니 나에게 좋은 일이 생기겠지' 하는 유소득(有所得)의 마음은 경계해야 할 또 하나의 마음가짐입니다. 우선은 바라는 바 없는 청정한 무소득의 마음으로 천도에 임해야 하며, 자신 스스로 경전을 독경하고, 염불해 주는 수고로움을 잊지 말아야 합니다.

천도에 임하는 기간동안이나 천도재가 있기 몇 일 전부터 기간을 정해두고 금강경 독경이나, 나무아미타불 염불, 혹은 광명진언 등을 지극한 마음으로 염해야 합니다. 쉽게 해서 끝내려는 마음은 깊은 정성이 아닐 터입니다. 이렇듯 천도재를 할 때에는 천도를 하는 이의 마음가짐이 가장 중요합니다. 깊은 마음과 정성을 담아 천도재를 준비한다면 그 준비하는 과정에서 이미 천도는 끝난 것입니다. 천도를 준비하는 과정 하나 하나가 바로 천도 그 자체인 것입니다. 이와 같이 천도를 해야 할 것입니다. 그렇지만 우리는 날짜와 시간을 정해두고 하는 천도재 보다는 살아있는 모든 순간 순간이 천도가 될 수 있도록 해야 할 것입니다. 살아있을 때 부처님의 가르침을 잘 배우고 마음을 닦았다면 더 이상 천도할 것도 없을 것입니다. 순간 순간 집착을 비우며 방하착(放下着)하고 살아야 목숨 끊어지는 순간 저절로 방하착이 되는 것입니다. 죽는 그 순간 바로 놓을 수 있다면 그것이 참된 천도입니다. 그래서 불교 공부는 죽음을 준비하는 공부라고 하지 않습니까. 법구경의 말씀을 떠올려 봅니다. "백 년 동안 다달이 천 번씩 제사를 지내기 보다는 한 순간 바른 법 생각해 갖는 그 복이 더 뛰어나다." 영가를 천도해 주는 것도 마찬가지겠지요. 순간 순간 나와 영가가, 또 부처님이 둘이 아님을 바로 알아 굳은 믿음으로 한생각 돌이켜 크게 놓아 버릴 수 있다면 상을 차리고 절을 할 것도 없이 찰나 찰나의 마음이 곧 천도가 될 것입니다. 그러나 우리 또한 바로 깨치지 못한 중생이라 그렇게 되지 않으니 상을 차리고 절을 하고 스님을 모셔 의식을 하고 그러는 것입니다.

목탁소리에 나오는 불교에서 중요시 하는 49재와 천도재 등에 관한 이야기입니다. 불교에 국한하는 것이 아니라 모든 종교를 받아들임에 있어서 그 **본질**을 바로알고 핵심에 접근하여 보면 믿음자리가 굳건해 짐을 느낍니다. 특히, 종교는 눈에 보이지 않는 세계를 다루다 보니 현세 머물고 있는 신자들이 그냥 지나쳐 버리고 식은 식대로 마음은 마음대로 따로 행하다 보니 순간마다 굳건해져야 하는 마음자리가 흔들려 공들인 마음이 허사가 되는 경우를 종종 마주합니다. 종교의식을 받아들일 때 본질에 접근하도록 힘을 모아 봅시다.

삶을 여유롭게 사는 30가지

1. 일년에 한번쯤은 해가 뜨는 광경을 본다.
(내 문제가 다소 하찮게 느껴지면서 힘이 솟는다.)

2. 꽃한송이, 작은 정성, 맑게 개인날 아침햇살, 주변의 작은 일에 감동을 한다.
(감동을 많이 할수록 체내 엔돌핀이 많이 생겨 건강에 도움이 된다.)

3. 웃음은 낙천적인 사람의 트레이드 마크다.
(미소에 자신이 없다면 거울 앞에서라도 웃는다.)

4. 샤워를 할땐 노래를 부른다.
(외국영화에서 처럼..)

5. 봄이 되면 꽃을 심는다.
(꽃이 피기까지 몇달간의 과정을 지켜봄으로서 인내를 배우고 꽃이란 결과를 봄으로서 생애에 대한 신뢰를 얻는다.)

6. 직접 연주할수 있는 악기를 하나쯤 배운다.

7. 만화를 읽는다.
(만화를 포기하는것은 창조성, 유머, 젊음을 포기하는 것이다.)

8. 길가다 빈자리가 있으면 앉아 지나가는 행인들을 지켜본다.
(타인의 삶을 상상할수 있는 좋은 기회다.)

9. "안녕하세요", "감사합니다", "죄송합니다"를 자주 쓴다.

10. 지금 느낄수 있는 기쁨을 뒤로 미루지 않는다.

11. 화가 치밀면 한시간 정도 여유를 갖고 화를 식힌후 상대를 대한다.
(중요한 일이라면 하루정도 생각할 여유를 갖는다.)

12. 아이들과 놀때는 반드시 져 준다.

13. 부정적인 사고를 하는 사람을 피한다.

14. 하고 싶은 일을 절대로 포기하지 않는다.
(대망을 가진자가 현실적인 사람보다 강하다.)

15. 좀더 느긋해지자.
(당장 사느냐 죽느냐가 걸려있는 일이 아니라면 그다지 급한 일이란 아무 것도 없다.)

16. 성공의 척도를 자신이 현재 느끼는 마음의 평화, 건강, 그리고 사랑에 둔다.

17. 인생이 공평할 것을 기대하지 않는다.

18. 수입의 일정액을 남을 돕는데 사용한다.

19. 남을 부러워 하지 않는다.
(시샘은 불행을 낳는다.)

20. 죽어도 후회가 없을 만큼 열정적으로 산다.

21. 행복은 권력,부,명예와 무관하다는 사실을 받아들인다.
(행복은 내가 사랑하는 사람들과 나와의 관계에서 온다.)

22. 전화를 받을때는 항상 활기찬 목소리로 받는다.
(마찬가지로 울적할땐 전화를 하지않는다. 꼭 해야한다면 간단한 체조라도 한 뒤에 활기찬 목소리로 한다.)

23. 마음에 드는 일이 있으면 실리를 따지지 않고 일단 시작한다.
(내가 좋아서 하는 일이라면 곧 느낌이 전달 돼 손해 볼일은 없을테니까.)

24. 남이 말하는 도중에 끼어들지 않는다.

25. 사람들 앞에서 돈얘기를 하지 않는다.

26. 잘못한 일에는 반드시 용서를 구한다.
(용서받지 못할,용서하지 못할 마음 이상 무거운 게 있을까?)

27. 문제가 생기면 최악에 대비하고 최선을 바란다.

28. 나를 위해 작은 투자를 한다.

(새 잠옷, 새 양말, 꽃한송이, 내가 있어야 세상도 있음을 자각한다.)

29. 한달에 한번쯤은 나 혼자 외출을 한다.
(특별한 할 일이 없는 외출에서 의외로 나의 자신감을 만날수도 있으니까.)

30. 마지막으로 가장 중요한 한가지, 잠을 충분히 잔다.

여유로운 삶은 멀리있는 것이 아니죠. 길이로 치면 나와 가장 가까운 곳에 여유로운 삶을 이끌어 낼 모티브가 너무나 많죠. 한 생각 한 마음 돌리면 지옥이 천당이 된다고 말하죠. 짧은 인생 그렇게 축복받는 삶을 살아갔으면 하네요.

삶의 의미

빅터 프랭클 박사는 2차대전 때에 히틀러의 아우슈비츠 수용소에 갇혀 있었다. 유태인이었기 때문이다.

그가 수용소에 있을 때에 숱한 수감자들 중에 체력이 남달리 뛰어난 동료들을 볼 때면 '다른 사람들은 다 쓰러져도 저런 분은 끝까지 살아남겠지' 하고 생각하였다. 그러나 예상 밖으로 그런 사람들이 쉽게 허물어지는 것이었다. 또 남달리 민첩하고 살아가는 요령이 탁월한 사람들을 볼 때도 '저렇게 민첩한 분들이야말로 끝까지 살아남을 거야' 하고 생각하였다.

그러나 그런 사람들도 마찬가지로 쉽사리 용기가 꺾이고 죽어나갔다. 그런데 마지막까지 살아남는 사람들은 예상 외로 겉보기에는 허약하고 어리숙해 보이면서도 자신이 당하는 극심한 고통 속에서도 그 고통에 깃들인 의미(意味)를 깨달아 그 의미를 되씹으며 하루하루를 견디어 나가는 사람들이었다.

그리고 극심한 굶주림 중에서도 병든 동료들에게 자신의 몫인 빵을 나누어 주던 분들이 끝까지 허물어지지 않고 살아남는 것이었다.

이때의 경험에서 얻은 교훈을 바탕으로 전후(戰後)에 그는 로고테라피(Logotheraphy)라는 정신치료 이론을 창안하였다.

우리말로 의미요법(意味療法)이라 일컫는다. 인간은 의미, 곧 뜻을 추구하는 본성을 지녔기에 삶에 대한 의미를 깨닫는 것이 다른 무엇보다 가장 값진 것이고 시련의 때를 극복하여 나갈 자산이 된다.

김춘수님의 꽃이 떠오르는 글이군요. 내가 너를 불러주었을 때 너는 나에게로 와서 꽃이 되었다..... 우리들은 모두 무엇이 되고 싶다. 나는 너에게 너는 나에게 잊혀지지 않는 하나의 의미가 되고 싶다. 그래요 의미있는 삶을 지닌 사람은 쉽게 쓰러지지 않는 법이죠.

아름다운 이야기들

노부부의 사랑

부부 금실이 좋기로 유명한 노부부가 있었다. 그들은 부유하지는 않았지만 서로를 위해 주며 아주 행복하게 살았다. 그런데 할아버지가 아파서 병원에 치료를 다니면서부터, 할머니를 구박하기 시작했다. "약 가져와라." "여기요." "물은? " "여기요." "아니 , 뜨거운 물로 어떻게 약을 먹어? " 그러면서 할아버지는 물컵을 엎어 버렸다 그래서 할머니가 다시 물을 떠 왔더니, "아니 그렇다고 찬물을 가져오면 어떡해? " 하면서 물을 또 엎었다. 손님들이 찾아오자, 할아버지는 먹을 거 안 가져온다고 소리쳤다. "당신이 하도 난리를 피우는 바람에 저도 지금 정신이 벙벙해서 그만 ..." "이기 , 어디서 말대답이고? " "손님들도 계신데 너무 하시네요." 할머니는 결국 눈물을 훔치며 밖으로 나갔다. 보다 못한 손님 중의 한 사람이 조심스럽게 말했다. "어르신네, 왜 그렇게 사모님을 못살게 구세요."그러자 한참동안 아무 말도 안 하던 할아버지가, 한숨을 내쉬며 입을 열었다. "저 할망구가 마음이 여려서, 나 죽고 나면 어떻게 살지 걱정이 되는 기라 ⋯⋯ " 할아버지의 눈엔 어느새 눈물이 가득 고였다. 얼마 뒤 할아버지는 돌아가셨다 그리고 그 무덤가 한 켠에 우두커니 서서, 할머니가 눈물을 훔치고 있었다.

《일 중독 사랑 중독》, 이숙영 외 문학수첩

도시락의 비밀

가끔식 머리카락이 섞인 도시락밥을 먹는 중학생이 있었다. 게다가 심심찮게 모래까지 깨물리는 모양이었다. 하지만 이상하게도 그 학생은 한번도 짜증을 내지 않았다. 머리카락이 있으면 다소곳이 그것을 가려내고, 모래가 씹히면 조용히 그것을 뱉어 낼 뿐이었다. 이런 일이 있을 때마다 교실의 다른 아이들은 그 학생을 안쓰럽게 여기면서, 위생이 철저하지 못한 학생의 어머니를 비난했다. 어쩌면 계모일지 모른다고까지 생각했지만, 그런 것 같지는 않았다. 그 학생은 매우 다정하게 지내는 친구 한 명에게도, 자기 집을 구경시켜 주지 않았던 것이다. 그러다 졸업을 앞두고 두 친구가 헤어져야 할 상황이 되자, 그 학생은 친구를 자기 집으로 초대했다. 친구는 이제야 비로소 모든 의문이 풀릴 수 있으리라고 기대하면서, 학생의 뒤를 따라갔다. 언덕길을 한참 오르자 벽이 군데군데 허물어지고 금이 간, 허술한 집들이 눈에 들어왔다. 학생은 집에 들어서자 "어머니! 친구와 함께 왔어요! " 하고 큰 소리로 외쳤다. 그러자 어두운 방안에서 그의 어머니가 더듬거리면서 밖으로 나왔다. "네 얘기 참 많이 들었다. 많이 도와 준다면서... 정말 고맙구나! " 학생의 어머니는 앞을 못 보는 맹인이셨다.

어머니 1

저는 9살때 어머니가 아버지와 이별하시고, 저는 어머니와 같이 살게 되었습니다. 당연히 형편은 어려울 수밖에 없었고 어머니는 직장을 나가게 되었지요. 중학교 2학년이 되면서 저는 나쁜 친구들과 어울리게 되었고, 어머니는 점차 병이 들어가시기 시작했어요. 그러던 어느 날 어머니께 호되게 혼이 난 다음 집을 나오고 말았어요. 물론 학교도 가지 않았구요. 집을 나와 친구네서 신세를 졌지만, 신세지는 것도 하루 이틀이지 더는 못 있겠더라구요. 배도 고프고 집 생각도 났지만, 집에 들어가긴 싫었어요. 그러다가 주유소에서 일하게 되었지요. 일은 너무나 힘들었고, 냉정한 사회라는 생각이 들었어요. 호기심에 술도 마시게 되었고, 담배도 피우게 되었어요. 그러기를 한두 달, 벌써 5개월이란 시간이 지나게 되었지요. 저는 문득 어머니 생각이 나서 집에 전화를 했지요. 아무도 받지 않더라구요. 몇 번 더 전화를 더 걸었지만 마찬가지였어요. 갑자기 불길한 생각이 들더군요. 그래서 이모에게 전화를 걸었어요. 이모에게 전화를 받는 순간, 전 너무

당황했고, 나의 몸이 싸늘히 식어가는 느낌이 들었어요. 북받쳐 올라오는 눈물로 전 한마디도 할 수 없었답니다. 일주일전 어머니가 악성암으로 돌아가셨다는 거예요. 장례도 이미 치러졌구요. 어머니가 남기신 것은 사진과 일기장, 그리고 제가 가장 갖고 싶어하던 손목시계를 선물로 주시고 가셨어요. 어머니의 일기장을 보노라니, 장마 비 같은 눈물이 마구 쏟아져 나왔어요. "사랑하는 내 아들아, 보고싶구나..." 임종을 지켜보지 못한 것이 한이 되어, 10년이 지난 지금에도 지난 날의 잘못을 후회하고 있답니다.

친구

중학교 시절, 우리반에 이상한 냄새를 풍기는 녀석이 있었다. 검게 그을린 얼굴에 여드름 투성이인 그 친구는 늘 외톨이었다. 옷도 유행에 뒤쳐진 단벌 뿐인 그에게서 나는 역겨운 냄새를, 아이들은 무척 싫어했기 때문이었다. 그러던 어느 날 그가 내 옆자리에 앉게 되었다. 나는 그를 구박하고 메스꺼운 표정을 지으며 노골적으로 싫어하는 티를 냈다. 또 그는 지각이 잦아 선생님에게 꾸중을 듣고 했는데 그때마다 우리는 "더러운 놈, 냄새풍기지 말고, 아무도 없을 때 좀 일찍 일찍 다니면 안 되냐? " 고 면박을 주었다.뉴스에서 불볕더위라는 말이 끊임없이 흘러나오는 어느 날이었다. 여름방학이었지만 고입시험을 앞둔 우리는 보충수업을 받았는데, 그 날 그만 늦잠을 자고 말았다 나는 허둥지둥 엄마 차를 얻어 타고 학교 근처에 내려서 학교를 향해 언덕길을 뛰어 올랐다. 헉헉거리며 급히 뛰어가고 있는데, 저만치에서 환경미화원 아저씨가 수레를 끌고 있었다. 그 뒤에는 내 또래의 한 아이가 냄새나는 수레를 묵묵히 밀고 있었다. "또 지각이잖아, 그만 가래도." "아니에요. 십오분 밖에 안 늦었어요. 마저 끝내놓고 가도 괜찮아요." 그 순간 나는 갑자기 걸음을 멈췄다. 바로 냄새나는 아이의 목소리였기 때문이다. 멍하니 서있는 나를 본 그가 멋쩍은 듯 말했다. "우리 아버지야." 그는 나를 향해 싱긋 웃어 보이고는, 계속해서 수레를 밀었다. 그 뒤로 나는 그의 냄새를 싫어한다고 말할 수 없었다. 연락이 끊어진 지 오래 되었지만, 그 친구는 지금도 이 세상 어느 곳에서 아름다운 향기를 풍기며 살고 있으리라.

《좋은 생각.98.1》

할아버지의 유품..

벚꽃이 지던 그날, 할아버지의 유품을 정리하던 나는, 하얀 봉투를 발견하곤 왈칵 눈물을 쏟았다. 부모님이 이혼하는 바람에 나와 내 동생은 할머니 할아버지와 함께 생활했다. 할아버지가 국수를 뽑아 생계를 유지했지만, 생활이 어려워 고등학교에 진학할 때는 돈도 벌 수 있는 산업체 야간학교를 택했다. 학교에 입학하여 첫 월급을 타던 날, 나는 두근거리는 가슴을 애써 진정시키며, 할아버지 할머니 앞에 봉투를 자랑스럽게 내밀었다. 할머니는 대견하시다며 연신 눈물을 찍어 내셨지만, 할아버지는 아무 말씀도 하지 않고 당연하다는 듯, 천 원짜리 육십 장을 천천히 세어본 뒤, 귀가 접힌 돈과 앞뒤가 뒤집힌 돈을 차례차례 귀를 펴고 맞춰서, 툭툭 다독이셨다. 그 동작이 어찌나 느리던지 할아버지 앞에서 한 달 용돈을 기다리던 나는 답답하기만 했다.할머니는 애가 고생하면서 번 돈이니 마음대로 쓰라고 하셨지만, 할아버지는 그런 할머니를 호되게 야단치고, 달랑 천 원짜리 세 장을 내미셨다. 나는 속으로 '내 돈인데...' 하며 뾰로통해졌다. 월급봉투를 서랍에 집어넣는 할아버지가 너무 야속해서, 그 날 밤 나는 그대로 회사 기숙사로 돌아와 버렸다. 그렇게 시간이 흐르고 매번 할아버지 앞에서 삼천원을 타기 위해 기다린 지루함이, 먼 기억으로 남아 있는데,.... 할아버지의 유품을 정리하다, 책상 서랍 한쪽에서 가지런히 귀가 맞추어진 지폐 몇 장이 든 돈봉투와 스물 일곱 장의 월급봉투, 그리고 내 이름으로 된 저금통장을 발견한 것이었다. 한번도 '수고했다' 는 말씀이 없었던 할아버지셨지만, 월급 봉투 한 장까지도 버리지 않고 깨끗이 보관한 것으로 보아, 나를 얼마나 대견하게 생각하셨는지를 알 수 있었다.내 이름 석 자가 또렷이 박힌 월급봉투를 안고, 나는 한없이 울었다.

《행복수첩》 김용택 엮음, 좋은생각

어머니 2

눈이 수북히 쌓이도록 내린 어느 겨울날, 강원도 깊은 골짜기를 두 사람이 찾았습니다. 나이가 지긋한 한 사람은 미국 사람이었고, 젊은 청년은 한국 사람이었습니다. 눈속을 빠져나가며 한참 골짜기를 더듬어 들어간 두사람이 마침내 한 무덤앞에 섰습니다. "이곳이 네 어머니가 묻힌 곳이란다" 나이 많은 미국인이 청년에게 말했습니다. 한 미국 병사가 강원도 깊은 골짜기로 후퇴를 하고 있었는데, 무슨 이상한 소리가 들려왔습니다. 가만 들어보니 아이 울음소리였습니다. 울음소리를 따라가 봤더니 소리는 눈구덩이 속에서 들려오고 있었습니다. 아이를 눈에서 꺼내기 위해 눈을 치우던 미국병사는 소스라쳐 놀라고 말았습니다. 또 한번 놀란 것은 흰눈 속에 파묻혀 있는 어머니가 옷을 하나도 걸치지 않은 알몸이었다는 사실이었습니다. 피난을 가던 어머니가 깊은 골짜기에 갇히게 되자, 아이를 살리기 위해 자기가 입고 있던 옷을 모두 벗어 아이를 감싸곤, 허리를 꾸부려 아이를 끌어 앉은 채 얼어 죽고만 것이었습니다. 그 모습에 감동한 미군병사는 언땅을 파 어머니를 묻고, 어머니 품에서 울어대던 갓난아이를 데리고가 자기의 아들로 키웠습니다. 아이가 자라 청년이 되자 지난날 있었던 일들을 다 이야기하고, 그때 언땅에 묻었던 청년의 어머니 산소를 찾아온 것이었습니다. 이야기를 들은 청년이 눈이 수북히 쌓인 무덤앞에 무릎을 꿇었습니다. 뜨거운 눈물이 볼을 타고 흘러내려 무릎아래 눈을 녹이기 시작했습니다. 한참만에 청년은 자리에서 일어났습니다. 그러더니 입고 있던 옷을 하나씩 벗기 시작했습니다. 마침내 그는 알몸이 되었습니다. 청년은 무덤 위에 쌓인 눈을 두 손으로 정성스레 모두 치워냈습니다. 그런 뒤 청년은 자기가 벗은 옷으로 무덤을 덮어가기 시작했습니다. 마치 어머니께 옷을 입혀 드리듯 청년은 어머니의 무덤을 모두 자기 옷으로 덮었습니다. 그리고는 무덤 위에 쓰러져 통곡을 합니다. "어머니, 그 날 얼마나 추우셨어요! "

그리운 아버지

내가 막 대학에 들어간 지 얼마 되지 않은 어느 날, 시골에 계시던 아버지께서 아들을 보시러 서울에 올라오셨다. 당신께서는 몇 달만에 보는 아들에게 뭔가 사 먹여야 겠다는 생각에 근처 식당에 데려 가셨다. 그곳은 학교 부근 중국집이었는데, 아버지께서는 중국집이 처음이셨다. 시골에서 농사만 짓던 노친네가 어찌 중국집에 가 본 적이 있었겠는가? 우리는 그 집에서 짜장면을 시켜서 먹었는데, 짜장면을 한 손으로 비비지 않고 두 손으로 섞는 모습이 영 못 마땅하셨는지 "사람이 점잖지 못하게 그게 뭐냐?" 고 하셨는데 난, "편하면 되지" 하며, 고집을 부렸다. 그런 나를 주름진 눈으로 힘없이 가만히 보시던 기억이 난다. 이제 내 나이 일흔을 지나, 그때 내 아버지 나이보다 훨씬 더 늙은 아버지가 되어 보니, 내 아버지의 모습이 너무나 그립다. '그때 거기서 아버지의 말씀대로 그렇게 했더라면 좋았을 것을!' 그것이 비합리적 아니 잘못된 것일지라도, 그렇게 한다고 대단한 큰 일이 일어 나는 것도 아니었는데...
요즘 와서 아버지의 그 슬픈 눈이 자꾸만 떠 오른다.

김형석 교수의 회고록 중에서

가슴이 아려오는 얘기들은 모두가 상대방을 마음속깊이 사랑하고 배려하는 데서 나오죠. 자기 존재감 없이 아주 투명하게 말이죠.

앞으로 해야 할 33가지

1. 누워있지 말고 끊임없이 움직여라. 움직이면 살고 누우면 죽는다.
2. 하루에 하나씩 즐거운 일을 만들어라. 하루가 즐거우면 평생이 즐겁다.
3. 마음에 들지 않아도 웃으며 받아 들여라. 이 세상 모두가 내 뜻대로 되는 것은 아니다.
4. 자식에게 이래라 저래라 하지 말라. 아무리 효자도 간섭하면 싫어한다.
5. 젊은이들과 어울려라. 젊은 기분이 유입되면 활력이 생겨난다.
6. 한번 한 소리는 두 번 이상 하지 말라. 말이 많으면 따돌림을 받는다.
7. 모여서 남을 흉보지 말라. 나이 값하는 어른만이 존경을 받는다.
8. 지혜롭게 처신하라. 섣불리 행동하면 노망으로 오해 받는다.
9. 성질을 느긋하게 가져라. 조급한 사람이 언제나 먼저 간다.
10. 매일 목욕으로 몸을 깨끗이 하라. 그래야만 사람이 피하지 않는다.
11. 돈이 재산이 아니라 사람이 재산이다. 돈 때문에 재산을 잃지 마라.
12. 술 담배를 줄여라. 내 나라 내가 지키듯 내 생명 내가 지킨다.
13. 좋은 책을 읽고 또 읽어라. 마음이 풍요해지고 치매가 예방된다.
14. 대우 받으려고 하지 마라. 어제 다르고 오늘이 다르다.
15. 먼저 모범을 보여라. 그래야 젊은이들이 본을 받는다.
16. 경로석에 앉지 마라. 서서 움직이면 그곳이 헬스클럽이다.

17. 주는데 인색하지 마라. 되로 주면 말로 돌아온다.

18. 하루에 10분씩 웃어라. 수명이 연장되고 인자한 어른으로 기억된다.

19. 걱정은 단명의 주범이다. 걱정할 가치가 있는 일만 걱정하라.

20. 남의 잘못을 보며 괴로워 말고 잘하는 점만을 보며 기뻐하라.

21. 급할 때만 하느님 조상님 하지 말라. 미리부터 그 분들과 거래하라.

22. 병을 두려워 말라. 일병장수(一病長壽) 무병단명(無病短命)이라는 말도 있다.

23. 세상을 비관적으로 보지 말라. 이왕이면 다홍치마라고 밝은 눈으로 바라보라.

24. 아파트 관리비만 신경 쓰지 말라. 자기 관리비도 신경을 써라.

25. 좋건 나쁘건 지난 날은 무효다. 소용없는 일에 집착하지 말라.

26. 누가 욕한다고 속상해 하지 말라. 죽은 사람은 욕먹지 않는다.

27. 고마웠던 기억만을 간직하라. 괴로웠던 기억은 깨끗이 지워버려라.

28. 즐거운 마음으로 잠을 자라. 잠 속에서 축복이 열매를 맺는다.

29. 지혜로운 사람과 어울려라. 바보와 어울리면 어느새 바보가 된다.

30. 그날에 있었던 좋은 일만 기록하라. 그것이 행복 노트다.

31. 작은 것도 크게 기뻐하라. 기쁠 일이 늘어난다.

32. 유서를 작성하고 다녀라. 그것은 자신의 고백서요, 삶의 계산서다.

33. 내가 가지고 떠날 것은 없다. 무엇을 남기고 갈 것인가를 생각하라.

나이가 들면 생각이 몸과 마찬가지로 자꾸 굳어짐을 어쩔 수가 없지요. 하지만 한 번 세상에 오고 가는 인생 마지막을 아름답게 영위하기 위해서는 지나온 것은 추억으로 돌리고 현실에서 앞날을 희망적으로 자연스러움으로 보고 맞이하여 노력하는 모습으로 의미를 창조하며 살아가는 것이 더욱 삶을 풍요롭게 할 것 같네요.

어느 17세기 수녀의 기도

주님, 주님께서는 제가 늙어가고 있고
언젠가는 정말로 늙어 버릴 것을
저보다도 잘 알고 계십니다
저로 하여금 말 많은 늙은이가 되지 않게 하시고
특히 아무때나 무엇에나 한마디 해야 한다고 나서는
치명적인 버릇에 걸리지 않게 하소서

모든 사람의 삶을 바로잡고자 하는
열망으로부터 벗어나게 하소서
저를 사려깊으나 시무룩한 사람이 되지 않게 하시고
남에게 도움을 주되 참견하기를 좋아하는
그런 사람이 되지 않게 하소서

제가 가진 크나큰 지혜의 창고를 다 이용하지 못하는 건
참으로 애석한 일이지만
저도 결국엔 친구가 몇 명 남아 있어야 하겠지요

끝없이 이 얘기 저 얘기 떠들지 않고
곧장 요점으로 날아가는 날개를 주소서

내 팔다리, 머리, 허리의 고통에 대해서는
아예 입을 막아 주소서
내 신체의 고통은 해마다 늘어나고
그것들에 대해 위로받고 싶은 마음은
나날이 커지고 있습니다
다른 사람들의 아픔에 대한 얘기를 기꺼이 들어줄
은혜야 어찌 바라겠습니까만
적어도 인내심을 갖고 참아줄 수 있도록 도와주소서

제 기억력을 좋게 해 주십사고 감히 청할 순 없사오나
제게 겸손된 마음을 주시어
제 기억이 다른 사람의 기억과 부딪칠 때
혹시나 하는 마음이 조금이나마 들게 하소서
나도 가끔 틀릴 수 있다는 영광된 가르침을 주소서

적당히 착하게 해주소서
저는 성인까지 되고 싶진 않습니다만...
어떤 성인들은 더불어 살기가 너무 어려우니까요...
그렇더라도 심술궂은 늙은이는 그저
마귀의 자랑거리가 될 뿐입니다

제가 눈이 점점 어두워지는 건 어쩔 수 없겠지만
저로 하여금 뜻하지 않은 곳에서 선한 것을 보고
뜻밖의 사람에게서 좋은 재능을 발견하는
능력을 주소서
그리고 그들에게 그것을 선뜻 말해 줄 수 있는
아름다운 마음을 주소서
아멘

– 작자미상 (17세기 수녀) –

나이는 누구나 드는 것이죠. 나이가 들면 최고의 어른이 되고 모든 것이 자신 중심으로 돌아야 한다고 착각을 하게 되기도 하죠. 모두가 자신의 의견을 따르고 모든 이들을 교육,질타,훈계할 수 있는 자리라고 여기기도 하지요. 어린 수녀님의 기도는 이런 것을 벌써 깨달은 혜안으로 자신을 하나님께 그렇게 되지 말도록 다잡아 주실 것으로 믿고 진지하게 기도를 올리네요. 우리 모두가 수녀님과 생각이 일치하는 삶속으로 살아가길 기도합니다.

옛날 오복(五福)과 현대 오복

옛날 오복(五福)

첫째는 수(壽), 오래오래 죽지않고 천수(天 壽)를 다함이 즉, 복이다.
-오래 사는 것(壽),

둘째는 부(富), 남에게 손해를 끼지지 않고, 남을 괴롭히지 않으며 살아가는데 불편하지 않을 만큼의 재물을 소유함이다.

-경제적으로 풍족하게 사는 것(富),

셋째는 강령(康寧), 강(康)은 육체적 건강을 말하고 령(寧)은 마음의 건강을 말하는 것으로 몸과 마음이 건강하고 깨끗하게 살아가는것이다.

-편안하게 사는 것(康寧),

넷째는 유호덕(攸好德), 즉, 덕을 좋아하는 일상적 태도로서 남에게 늘 주는 연습을 하고 남을 도우려 애쓰며 건전한 마음과 평온한 분위기 조성이다.

-선행으로 덕을 쌓는 것(攸好德),

다섯째는 고종명(考終命), 일생을 깨끗하고 건강하고 덕을 좋아하며 주변에 많이 베풀고 적당하게 오래 살아 마지막 죽음에 임해 고통없이 편한 모습으로 생을 마친다.

-편안하게 죽음을 맞이한다.

현대 오복(五福)

첫째는 건(健), 건강 입니다. 아무리 재물이 많아도 건강못하면 무용지물에 불과 합니다.

둘째는 처, 부, 우(妻, 夫, 偶), 옆에서 돌봐줄 수 있는 배우자가 있으면 행복하겠지요.

셋째는 재(財), 적당한 재산이 있어야 자식에게 손 안벌리고 스스로 즐기며 살 수 있겠지요.

넷째는 사(事), 일이 있어야 나태하지 않고 생활의 리듬도 있고, 삶의 보람도 느끼며 건강도 유지합니다.

다섯째는 붕(朋), 나를 알아주는 참된 친구가 있는 사람은 성공한 사람입니다. 참된 친구는 말년 외로움이 없는 삶을 영위케 합니다.

복은 평소 짓는 자에게 돌아오는 법이죠. 복짓기는 매우 쉬우면서도 어려운 것이죠. 불가에서는 무주상 보시복덕이라 하였죠.
즉, 생각의 머무름없이 대가를 바라지 않는 복짓기라 할까요.

인생 3락(樂)

孟子(맹자)는 인생의 세가지 즐거움(三樂)으로
첫째, 부모형제가 무고한 것이요,
둘째, 하늘 우러러 부끄럼 없는 것이요.
셋째, 천하의 영재를 얻어 교육하는 것이라 했다.

秋史체(추사체)로 유명한 阮堂 金正喜(완당 김정희 1786-1856)는 一讀(일독)이라, 책 읽고 글 쓰고 항상 배우는 선비정신을, 二色(이색)이라, 사랑하는 사람과의 변함 없는 애정을, 三酒(삼주)라, 벗을 청해 술잔 나누며 세상과 인간사 얘기하며 가무와 풍류를 즐겼음을 말하는 것 아니겠는가.

사람마다 살아가는 생활이 다르고 생각이 달라 사람 살아가는 즐거움을 꼭 이것이다 라고 뚝 잘라 정의하긴 어렵지만 나라고 나름대로 생각해본 즐거움이 왜 없을 건가.

첫째는 건강이다.
건강하지 못하면 인간사 끝장이다. 한숨이고 눈물일뿐 기다리는 건 고통이고 죽음뿐이다. 건강해야만 살아 남고 이루고 즐길 수 있다. 따라서 건강해야 한다는 건 우리 인생 최고의 가치다. 새벽 걷기를 즐기는 이유도 바로 이것이다.

두번째는 벗(친구)이다.
친구 하나 없이 외톨이로 외롭게 지나는 노인을 생각해 보라. 그 무료함, 그 외로움은 죽음보다 더 큰 아픔이 아닌가. 나는 친구 없음이 가슴 아파 스스로 책, 술, 컴퓨터, 음악 그리고 산,강, 바다 같은 자연을 친구라 여기고 그렇게 어깨 동무라도 하고 즐기며 살고 싶은 것이다.

세번째는 가정이다.
내 인생의 터전, 보금자리, 우리들의 가난한 왕국, 좀 뛰어나지 못하고 덜 가졌으면 어떤가. 맘씨 고운 아내가 있고, 정진하는 아이들이 있고 , 자라나는 꿈나무들이 있는데 무엇이 부족한가.
사랑이 있고 웃음이 있고 아이들의 노래가 들리는 곳 그 가정, 가족이 있기에 나는 오늘도 즐겁게 웃을수 있는 것이다.

대중적인 3락도 있겠지만 나날이 달달이 년년이 자신만의 3락을 지어놓고 늘 음미하며 살아가면 좋은 일만 생길 것 같네요.

인생 4단계

인생의 삶을 4단계로 나누어 그 의미를 찾았다.

첫째는 學習期(학습기)이다.
태어나서 25세까지의 기간이다. 이 시기는 스승으로부터 삶의 경험과 지혜를 전수받는다.

둘째는 家住期(가주기)이다.
대략 50세까지의 기간이다. 결혼을 해서 가정을 꾸리고 사회적인 의무를 다한다. 생명을 준 신들에 대한 빚을 갚기 위해 제사를 지내고, 자신을 키워준 부모와 조상에 대한 빚을 갚기 위해 자식을 낳아 기른다. 자식을 낳아 기르는 것은 부모와 조상의 은혜에 대한 보답이라고 여긴다. 그리고 지식과 학문을 가르쳐 준 스승과 성자들에 대한 은혜에 보답하기 위하여 공부를 열심히 하고, 다시 후학에게 물려주는 시기다.

셋째는 林棲期(임서기)이다.
숲 속에 머무르는 기간으로 대략 75세까지가 여기에 속한다. 50세가 넘으면 가정과 사회로부터 벗어나서 한적한 숲 속으로 들어간다. 그동안 사회적 의무를 다하였기 때문에 이제부터는 자신의 구원을 위하여 시간을 투자하는 단계이다.

세상에 대한 집착을 끊는 연습을 하고, 엄격한 금욕생활을 몸으로 실천한다.

넷째는 流浪期(유랑기)이다.
삶의 마지막 단계이다. 세속적 집착을 완전히 버리고 여기저기 떠돌아다닌다. 말하자면 얻어먹으면서 떠돌아다니는 거지로 사는 삶이다. 이때는 살아있으면서도 이미 죽었다고 생각해야 하기 때문에, 길에서 죽는 것을 당연하게 여긴다.

이 글은 고대 인도인들의 인생단계론에 나오는 글이다. 현실과는 괴리감이 있지만 삶은 생로병사를 거치기에 젊은날 자신만의 인생계획을 수립해 목표에 걸맞게 살아간다면 힘든 세상이 한결 가볍고 행복한 삶이 되지 않을까요.

인생 필요한 5끈

1. 매끈
까칠한 사람이 되지 마라. 보기 좋은 떡이 먹기 좋고, 모난 돌은 정맞기 쉽다. 세련되게 입고 밝게 웃고, 자신감 넘치는 태도로 매너 있게 행동하라.
외모가 미끈하고 성품이 매끈한 사람이 되라!

2. 발끈
오기있는 사람이 되라. 실패란 넘어 지는 것이 아니라 넘어진 자리에 머무는 것이다. 동트기 전이 가장 어두운 법이다.
어려운 순간일수록 오히려 발끈하라!

3. 화끈
미적지근한 사람이 되지 마라. 누군가 해야 할 일이라면 내가 하고, 언젠가 해야 할 일이라면 지금 하고, 어차피 할 일이라면 화끈하게 하라.
눈치 보지 말고 소신껏 행동하는 사람, 내숭떨지 말고 화끈한 사람이 되라!

4. 질끈
용서할 줄 아는 사람이 되라. 실수나 결점이 없는 사람은 없다. 다른 사람을 쓸데없이 비난하지 말고 질끈 눈을 감아라. 한번 내뱉은 말은 다시 주워 담을 수

없으니 입이 간지러워도 참고, 보고도 못 본척 할 수 있는 사람이 되라. 다른 사람이 나를 비난해도 질끈 눈을 감아라!

5. 따끈

따뜻한 사람이 되라. 계산적인 차가운 사람이 아니라 인간미가 느껴지는 사람이 되라. 털털한 사람, 인정 많은 사람, 메마르지 않은 사람, 다른 사람에게 베풀 줄 아는 따끈한 사람이 되라!

끈끈한 만남이 그리운 세상이다. 쉽게 만나고 쉽게 헤어지는 사랑이 아니라 한번 인맥은 영원한 인맥으로 만나려는 끈끈한 사람들이 아쉬운 세상이다.

매끈, 발끈, 화끈, 질끈, 따끈함으로 멋지고 질긴 삶의 끈을 만들어 봅시다.

옛 어른들은 사람이 물에 물탄 듯 술에 술탄 듯 살지 말라고 늘 훈계를 하셨다. 매,발,화,질,따 5끈은 호쾌하고 건강한 삶으로 이끄는 튼튼한 동아줄이다.

인생에서 한번 오고, 영원히 다시 오지 않는 것

人生에서 한 번 오고 永遠(영원)히 다시 오지 않는 것,
時間(시간, Time), 말(言, Words), 機會(기회, Opportunity)

人生에서 누구나 항상 갖고 있어야 하는 것.
希望(희망, Hope), 平和(평등, Peace), 正直(정직, Honesty)

人生에서 가장 高貴(고귀)한 것.
사랑(Love), 親舊(친구, Friend), 自信感(자신감, Self-confidence)

人生에서 결코 確實(확실)하지 않은 것.
成功(성공, Success), 꿈(Dreams), 幸運(행운, Fortune)

人生에서 좋은 사람이 되기 위한 것.
誠實(성실, Sincerity), 努力(노력, Hard Work), 熱情(열정, Compassion)

인생에서 사람을 破壞(파괴)하는 것.
自尊心(자존심, Pride), 慾心(욕심, Greed), 화(Anger)

멋진 인생은 누가 사는가? 수주작처(隨主作處)라고 했다. 즉 언제 어디서나 주인다운 삶을 사는 것. 이것이 바로 멋진 인생을 이끌어 준다.

인생의 진정한 친구

탈무드에 보면 세 친구 이야기가 나온다.

어느날 임금이 使者(사자)를 보내어 어떤 사나이에게 곧 출두하라고 명령을 했다. 그 사람에게는 세 사람의 친구가 있었다.

첫 친구는 대단히 우정이 깊어 항상 진정한 친구라고 생각을 했다. 두번째 친구는 친하긴 했지만 첫째 친구보다는 못하다는 생각을 했다. 세번째 친구는 친구라고 생각하고 있었지만 평소에 별반 관심을 갖지 않았던 사이였다.

임금의 사자(使者)가 왔을 때 그는 겁도 나고 불안했다. 그래서 친구와 함께 가기로 마음을 먹고 첫째 친구에게 가서 동행을 청했다. 그러나 이 친구는 별다른 이유도 없이 단호히 거절했다.

할 수 없이 두번째 친구에게 부탁했다. 이 친구는 대궐문 앞까지만 가겠다고 대답했다. 풀이 죽은 그는 할 수 없이 세번째 친구에게 부탁했다. 그러자 세번째 친구는 뜻밖에도 기쁘게 응하면서 임금에게 잘 말해 주겠다고했다.

이 이야기에 등장하는 임금은 하나님을 가리키고, 대궐로의 부름은 죽음을 비유하는 것이다. 즉, 인간이 이땅에서 생명이 끝나 하나님 앞에 설 때 어떤 친구가 동행할 수 있는가를 보여 주는 교훈적인 우화다.

그 사람이 가장 사랑하는 첫째 친구는 돈이다. 서양 속담에 "수의에는 호주머니가 없다." 고 했다. 돈은 결코 가져갈 수 없다. 둘째 친구는 친척이다 사람이 죽으면 친척들은 대궐문 앞인 무덤까지만 같이 간다. 셋째 친구는 선행이다 평소에 눈에 띄지 않지만 죽은 뒤에도 늘 그와 함께 있는 것이다. 이 친구는 우리가 이 땅의 삶을 끝내고 심판대 앞에 설 때까지 함께한다.

최후에 남는 것은 돈도 아니고, 친척도 아니고 이 땅에서 행한 "선한 삶이다."

그런데 우리는 없어질 친구들에게만 너무 집착한다. 첫째 친구에게만 관심을 두고 이 친구만 있으면 좋아하고, 이 친구를 위해서 살고, 이 친구 때문에 싸우고 원수가 되곤 한다.

내가 죽을 때 유일하게 동행할 수 있는 셋째 친구. 즉, '선한 삶' 이 우리 인생의 진정한 친구가 되어야 하지 않을까?

눈에 보이는 것은 필요할 때만 보이지만 눈에 보이지 않는 선행은 쌓이고 쌓이면 산을 옮길만한 힘을 갖는다.

인생이란

친구, 인생이란 무엇에 비유할 수 있을까.
사람으로서 이 땅을 거쳐 살아가는 과정이
해가 하늘을 거쳐 지나가는 모습들과 비슷하다네.
사람이 막 태어나서 걸음마를 할 때는
해가 수평선을 막 박차고 떠오를 때처럼
주위의 마음을 설레게 하고 기대를 부풀게 한다네.
사람이 말문을 트면서 세상을 배워갈 때는
해가 아침을 거치며 중천을 향할 때처럼
제법 싱싱한 빛을 내비치며 생기를 느끼게 한다네.
사람이 학문을 익히며 세상에 나설 때는
해가 한낮동안 중천에 떠있을 때처럼
세상을 향해 더 강한 빛을 뿜으려고 꿈꾸고 있다네.
사람이 세상을 경험하며 이치를 느낄 때는
해가 많이 기울어져 서산으로 향할 때처럼
강한 빛이 조금씩 꺾여 부드러운 빛으로 바뀐다네.
사람이 세상일을 접고 노년을 지낼 때는
해가 지기 전 저녁놀을 길게 늘어뜨릴 때처럼
못다한 시간을 아쉬워하며 은은한 빛을 내비친다네.

사람이 여생을 마치고 세상을 떠날 때는
해가 서산에 들자 순식간에 자취를 감추듯이
추억도 미련도 모두 떨치며 곧 빛을 감추어 버린다네.
친구, 인생이란 한동안 허공을 떠돌다 가는 것을.
이처럼 일출에서 일몰까지의 형세와 다름없으며
인생을 뒤돌아보는 자체도 잠깐이면 충분하다는 것을.

인생은 일체유위법(一切有爲法) 여몽환포영(如夢幻泡影) 여로역여전(如露亦如電) 응작여시관(應作如是觀)이라 하죠. 즉 일체 함이 있는 법은 꿈이며 환영이며 물거품, 그림자 같고 이슬, 번개와도 같다는 부처님 말씀이죠.

일곱가지 행복

첫째, Happy look (부드러운 미소)

웃는 얼굴을 간직하십시오. 미소는 모두를 고무시키는 힘이 있습니다.

둘째, Happy talk (칭찬하는 대화)

매일 두 번 이상 칭찬해 보십시오. 덕담은 좋은 관계를 만드는 밧줄이 됩니다.

셋째, Happy call (명랑한 언어)

명랑한 언어를 습관화하십시오. 명랑한 언어는 상대를 기쁘게 해줍니다.

넷째, Happy work (성실한 직무)

열심과 최선을 다하십시오.성실한 직무는 당신을 믿게 해줍니다.

다섯째, Happy song (즐거운 노래)

조용히 흥겹게 마음으로 노래하십시오. 마음의 노래는 사랑을 깨닫게 합니다.

여섯째, Happy note (아이디어 기록)

떠오르는 생각들을 기뻐하십시오. 당신을 풍요로운 사람으로 만들 것입니다.

일곱째, Happy mind (감사하는 마음)
불평대신 감사를 말하십시오. 비로소 당신은 행복한 사람임을 알게 됩니다. 행복은 누가 갖다 주는 선물이 아닙니다. 부딪히며 살아가는 세상에서 서로가 만들어 가는 창작품입니다. 내가 그 주인이 되어야 합니다.

내 생활에서, 내 가정에서, 내 직장에서 "Seven Happy"를 실천해 봅시다.
행복이 물밀 듯 그대 마음과 가정에 찾아들게 될 것입니다.

행복이란 그냥 오는 것이 아니라 만들어 가는 것이죠. 의식주가 해결되고 마음이 행복을 향해 늘 노력할 때 행복은 가까이 있게 되죠. 젊은날 힘써 가꾼 튼실한 밑밥이 바탕이 되어서 그렇게 되죠.

일생 3권의 책

제 1권은 **과거**라는 이름의 책이다.
이 책은 이미 집필이 완료되어 책장에 꽂혀 있다.

제2권은 **현재**라는 이름의 책이다.
이 책은 지금의 몸짓과 언어
하나하나가 그대로 기록된다.

제3권은 **미래**라는 이름의 책이다.
그러나 셋 중에서 가장 중요한 것은 제2권이다.

1권이나 3권은 부록에 불과하다.
오늘을 얼마나 충실하게 사느냐에 따라
인생의 방향이 완전히 달라진다.

인생은 연령에 따라 각기 다른 키워드를 갖는다.

10대는 공부
20대는 이성

30대는 생활

40대는 자유

50대는 여유

60대는 생명

70대는 기다림으로 채워진다.

돈을 벌려면 투자를 해야 하는 것처럼

내일을 벌려면 오늘을 투자해야 한다.

과거는 시효가 지난 수표이며 미래는 약속어음일 뿐이다.

그러나 현재는 당장 사용이 가능한 현찰이다.

오늘 게으른 사람은 영원히 게으른 것이다.

오늘은 이 땅 위에 남은 내 첫 날이다.

오늘은 내가 살아갈 날의 가장 젊은 날이죠. 모든 출발은 오늘 지금 여기랍니다.

즐겁게 사는 비결

1. 가슴에 기쁨을 담아라. 담는 것만이 내것이 된다.
2. 좋은 아침이 좋은 하루를 만든다. 하루를 멋지게 시작하라.
3. 얼굴에 웃음꽃을 피워라. 웃음꽃에는 천만불의 가치가 있다.
4. 남이 잘 되도록 도와줘라. 남이 잘되야 내가 잘 된다.
5. 자신을 사랑하라. 행운의 여신은 자신을 사랑하는 사람을 사랑한다.
6. 세상을 향해 축복하라. 세상도 나를 향해 축복해 준다.
7. 노느니 기도하라. 기도는 소망 성취의 열쇠다.
8. 힘들다고 고민말라. 정상이 가까울수록 힘이 들게 마련이다.
9. 준비하고 살아가라. 준비가 안 되면 들어온 떡도 못 먹는다.
10. 그림자를 보지말라. 몸을 돌려 태양을 바라보라.
11. 남을 기쁘게 하라. 10배의 기쁨이 나에게 돌아온다.
12. 끊임 없이 베풀어라. 샘물은 퍼낼수록 맑아지기 마련이다.
13. 안 될 이유가 있으면 될 이유가 있다. 될 이유만 말하라.
14. 약속은 꼭 지켜라. 사람이 못 믿는사람 하늘도 못 믿는다.
15. 불평을 하지 말라. 불평은 자기를 파괴하는 자살 폭탄이다.
16. 어디서나 당당하라. 기가 살아야 운도 산다.
17. 기쁘게 손해를 보라. 손해가 손해만은 아니다.

18. 요행을 바라지 마라. 대박을 노리다가 쪽박을 찬다.

19. 밝고 힘찬 노래만 불러라. 그것이 성공 행진곡이다.

20. 슬픈 노래를 부르지 말라. 그 노래는 복 나가는 노래이다.

21. 푸른꿈을 잃지 말라. 푸른꿈은 행운의 청사진이다.

22. 감사하고 또 감사하라. 감사하면 감사할 일이 생겨난다.

23. 남의 잘함만을 보고 박수를 쳐라. 그래야 복을 받는다.

24. 좋은 말만 사용하라. 좋은 말은 자신을 위한 기도다.

25. 희망의 꽃을 피워라. 희망의 꽃만이 희망의 열매를 맺는다.

26. 신용을 잃지 말라. 사람 못 믿는 사람 하늘도 못 믿는다.

27. 돈 때문에 사람을 잃지 말라. 돈이 재산이 아니라 사람이 재산이다.

28. 마음을 활짝 열어라. 마음을 열어야 행운이 들어온다.

29. 오늘일을 내일로 미루지 말라. 오늘 승차권은 오늘만 유효하다.

30. 집 안 청소만 하지 말라. 마음이 깨끗하면 어둠이 깃들지 못한다.

31. 끊임없이 완숙하라. 완숙이 안되면 반숙되게 마련이다.

32. 좋은 기억만 되살려라. 좋은 기억 증폭되면 좋은 일만 생겨난다.

33. 걱정의 노예가 되지 말라. 걱정할 일이 있으면 기뻐할 일도 있다.

34. 열정을 가지고 살아라. 뜨거운 열정이 삶의 내용을 바꿔 놓는다.

35. 즐거운 마음으로 잠을 자라. 밤 사이에 행운으로 바뀌어진다.

한때 나비효과란 말이 유행어가 된 적이 있죠. 즐겁게 사는 비결도 즐거운 씨를 뿌리면 자연스레 즐거운 싹이 나와 즐거운 나무가 되듯이 우리의 삶 별건가요. 활기차고 감사하며 밝은 기운의 날개짓을 하면 모두가 행복해지겠죠.

청춘

'청춘' 이란 깊은 샘물에서 오는 신선한 정신, 유약함을 물리치는 용기, 인위(人爲)를 뿌리치는 모험을 말한다.
영감이 끊어져 정신이 냉소라는 눈에 파묻히고 비탄이란 얼음에 갇힌 사람은 비록 나이가 이십 세라 할지라도 이미 늙은이와 다름없다. 그러나 머리를 드높여 희망이란 파도를 탈 수 있는 한 그대는 팔십세 일지라도 영원한 청춘의 소유자인 것이다.

– 사무엘 울먼 –

청춘! 이는 듣기만 하여도 가슴이 설레는 말이다. 청춘! 너의 두 손을 가슴에 대고, 물방아 같은 심장의 고동을 들어 보라. 청춘의 피는 끓는다. 끓는 피에 뛰노는 심장은 거선의 기관과 같이 힘있다. 이것이다. 인류의 역사를 꾸며 내려온 동력은 바로 이것이다. 이성은 투명하되 얼음과 같으며, 지혜는 날카로우나 갑 속에 든 칼이다. 청춘의 끓는 피가 아니더면, 인간이 얼마나 쓸쓸하랴? 얼음에 싸인 만물은 얼음이 있을 뿐이다.
보라, 청춘을! 그들의 몸이 얼마나 튼튼하며, 그들의 피부가 얼마나 생생하며, 그들의 눈에 무엇이 타오르고 있는가? 우리 눈이 그것을 보는 때에, 우리의 귀는 생의 찬미를 듣는다. 그것은 웅대한 관현악이며, 미묘한 교향악이다. 뼈끝에 스며들어가는 열락의 소리다. 이것은 피어나기전인 유소년에게서 구하지못하

며, 시들어 가는 노년에게서 구하지 못할 바이며, 오직 우리 청춘에서만 구할 수 있는 것이다. 청춘은 인생의 황금시대다. 우리는 이 황금시대의 가치를 충분히 발휘하기 위하여, 이 황금시대를 영원히 붙잡아 두기 위하여, 힘차게 노래하며 힘차게 약동하자!

– 민태원의 《청춘예찬》 –

청춘! 소리만 들어도 가슴이 뛰는 말입니다. 청춘은 거침이 없고 달리는 기관차와 같으며 피돌림이 가장 왕성해서 매일매일 몸과 마음이 자라는 시기이기도 하죠. 한 번 뿐인 인생의 황금기!

팔자를 바꾸는 것

사주는 네 기둥이라는 뜻인데, 태어나는 연,월,일,시(정확히 말해 태아가 어머니 뱃속에서 나와 탯줄을 자르는 그 시점)가 여기에 해당된다. 한 기둥마다 두 글자가 붙어 있으므로 네 기둥을 곱하면 팔자가 된다. "태어난 사주 팔자가 이미 정해져 있는데 부질없는 인생들이 그것도 모르고 공연히 스스로 바쁘게 뛰어다닌다" 라는 말이 있다. 그렇다면 팔자를 고칠 수 없단 말인가?

팔자를 바꾸는 비방은 있는 것인가? 있기는 있다.

첫째 방법은 적선을 많이 하는 일이다. 한국에서 500여 년의 역사를 지닌 명문가들을 조사해 본 결과 공통점이 바로 적선이었다. 적선을 많이 해야 팔자를 바꾸고 집안이 잘된다는 명제는 이론이 아니라 500년 임상 실험의 결과다. 당장의 효과가 나타나지 않더라도 후손을 통해서 반드시 나타난다.

둘째는 눈 밝은 스승을 만나야 한다.

인생의 고비마다 가르침을 받아야 길이 열린다. 옛날 어른들은 훌륭한 스승을 만나게 해달라고 100일 기도를 드리곤 했다. 그 염원이 뼈에 사무쳐야 대 스승을 만난다고 한다.

셋째는 명상이다.

하루에 100분 정도는 매일 빼놓지 않고 해야 한다. 문제는 시간을 내는 일이다. 먹고 사는 일에 부대끼다 보면 ….

넷째는 명당에 묘터나 집터을 잡는 일이다.

둘 중에 하나만 잡아도 효과가 있다고 보았다.

* 시대가 변하면서 해석을 달리하는 학자들도 제법 있다.

다섯째는 독서다.

책을 읽으면 자신에 대한 성찰이 생긴다. 특히, 운이 좋지 않을 때에는 밖에 나가지 말아야 한다(여기서 밖이란 넓은 의미의 밖입니다). 나갔다 하면 좋지 않은 인연을 만나서 일이 더 꼬이는 수가 많다. 그럴 때는 집안에 틀어 박혀서 어느 책이라도 무조건 읽는 것이 상책이다. 10년 이상의 감옥 생활을 버티게 하는 힘도 독서하는 습관에서 길러진다.

여섯째는 자신의 명리를 알아 차리는 방법이다.

팔자에 재물 복이 없는 사람은 월급쟁이가 최고이다. 자신의 팔자를 대강 짐작하면 쓸데없는 과욕을 부리지 않는다.

전 시대는 '인생만사 팔자소관'이라는 말을 많이 들어오며 자랐죠. 물론 좋은 때에 태어나서 몸과 마음이 건강해 평생 잘 살 수도 있지만 삶은 연속선상에 놓여져 있기에 방법을 눈 밝은 혜안을 지닌 분을 만나 잘 지도를 받으면 운명이 개척되는 법이죠. 잊지 말아야 할 것은 그런 사람을 만나기 위해 공을 들여야 한다는 것이죠. 세상일에 공 안들이고 되는 일은 거의 없죠. 준비하여 기다리는 자에게 복이 찾아오듯이 만남 또한 그와 같은 거죠.

Life is an opportunity

Life is an opportunity, benefit from it.
삶은 기회입니다. 이 기회를 통하여 은혜를 받으십시오.

Life is beauty, admire it.
삶은 아름다움입니다. 이 아름다움을 찬미하십시오.

Life is bliss, taste it.
삶은 더없는 기쁨입니다. 이 기쁨을 맛보십시오.

Life is dream, realize it.
삶은 꿈입니다. 이꿈을 실현하십시오.

Life is challenge, meet it.
삶은 도전입니다. 이 도전에 직면하십시오.

Life is duty, complete it.
삶은 의무입니다. 이 의무를 완수하십시오.

난 결코 대중을 구원하려고 하지 않는다. 난 다만 한 개인을 바라볼 뿐이다. 난 한 번에 단지 한 사람만을 사랑할 수 있다. 한 번에 단지 한 사람만을 껴안을 수 있다. 단지 한 사람, 한 사람, 한 사람씩만…. 따라서 당신도 시작하고 나도 시작하는 것이다. 난 한사람을 붙잡는다. 만일 내가 그 사람을 붙잡지 않았다면 난 4만 2천명을 붙잡지 못했을 것이다. 모든 노력은 단지 바다에 붓는 한 방울 물과 같다. 하지만 만일 내가 그 한 방울의 물을 붓지 않았다면 바다는 그 한방울 만큼 줄어들 것이다. 당신에게도 마찬가지다. 당신 가족에게도, 당신이 다니는 교회에서도 마찬가지다. 단지 시작하는 것이다. 한 번에 한 사람씩...

- 테레사 수녀 -

위대함은 광대함에 있는 것이 아니라 작은 것의 소중함을 느끼고 보듬고 안아주고 정성을 들임에 있다는 것을 직접 몸과 마음으로 실천하며 생을 살다가신 테레사 수녀님의 거룩한 정신이 온몸으로 전해 오네요.

Life is

삶이란..

인생을 공중에서 5개의 공을 돌리는 저글링이라고 상상해 보자. 각각의 공을 일, 가족, 건강, 친구, 그리고 영혼(나)이라 명명하고, 모두 공중에서 돌리고 있다고 생각하자.

조만간 당신은 일이라는 공은 고무공이어서 떨어뜨리더라도 바로 튀어 오른다는 것을 알게 될 것이다. 그러나 다른 4개의 공들(가족, 건강, 친구, 그리고 영혼(나))은 유리로 되어 있다는 것도 알게 될 것이다. 만일 당신이 이중 하나라도 떨어뜨리게 되면 떨어진 공들은 닳고, 상처입고, 긁히고, 깨지고, 흩어져 버려 다시는 전과 같이 될 수 없을 것이다.

당신은 이 사실을 이해하고, 당신의 인생에서 이 5개의 공들의 균형을 갖도록 노력해야 한다. 그럼 어떻게 균형을 유지할 수 있단 말인가?

자신을 다른 사람들과 비교함으로써 당신 자신을 과소 평가하지 말라. 왜냐하면 우리들 각자는 모두 다르고 특별한 존재이기 때문이다.

당신의 목표를 다른 사람들이 중요하다고 생각하는 것들에 두지 말고, 자신에게 가장 최선이라고 생각되는 것에 두어라.

당신 마음에 가장 가까이 있는 것들을 당연하게 생각하지 말라. 당신의 삶처럼 그것들에 충실하라. 그것들이 없는 당신의 삶은 무의미하다.

과거나 미래에 집착해 당신의 삶이 손가락 사이로 빠져나가게 하지 말라. 당신의 삶이 하루에 한번인 것처럼 삶으로써 인생의 모든 날들을 살게 되는 것이다.

아직 줄 수 있는 것이 남아 있다면 결코 포기하지 말라. 당신이 노력을 멈추지 않는 한 아무 것도 진정으로 끝난 것은 없다. 당신이 완전하지 못하다는 것을 인정하기를 두려워 말라. 우리들을 구속하는 것이 바로 이 덧없는 두려움이다.
위험에 부딪히기를 두려워 말고, 용기를 배울 수 있는 기회로 삼으라. 찾을 수 없다고 말함으로써 당신의 인생에서 사랑의 문을 닫지 말라. 사랑을 얻는 가장 빠른 길은 주는 것이고, 사랑을 잃는 가장 빠른 길은 사랑을 너무 꽉 쥐고 놓지 않는 것이며, 사랑을 유지하는 최선의 길은 그 사랑에 날개를 달아 주는 것이다.
당신이 어디에 있는지, 어디를 향해 가고 있는지도 모를 정도로 바쁘게 살진 말라. 사람이 가장 필요로 하는 감정은 다른 이들이 당신에게 고맙다고 느끼는 그 것이다.
시간이나 말을 함부로 사용하지 말라. 둘 다 다시는 주워 담을 수 없다. 인생은 경주가 아니라 그 길의 한 걸음 한 걸음을 음미하는 여행이다.

어제는 역사이고, 내일은 미스테리이며, 그리고 오늘은 선물이다. 그렇기에 우리는 현재(present)를 선물(present)이라고 말한다.

- Douglas Daft ('더글라스 대프트' 코카콜라 회장) -

오늘에 충실한 자가 세상의 주인이죠. 할 것과 해서는 안 되는 것을 분명히 알고 오늘 하루에 최고 보다는 최선을 다 하는 삶을 사는 자는 승리자이죠.

사람 잡는 15가지

우리 주위에서 흔히 볼 수 있는 것들이지만 주의하지 않으면 사람을 잡는 것들입니다.

'오해'가 사람을 잡는다. 반드시 진실을 확인하라.

'설마'가 사람 잡는다. 미리 대비해야 한다.

'극찬'이 사람 잡는다. 칭찬은 신중히 하고 내가 칭찬을 받을 때에는 교만하지 말라.

'뇌물'이 사람 잡는다. 선물은 받되, 뇌물은 받지 말고 치우치지 말라.

'정'이 사람을 잡는다. 따뜻한 정과 함께 냉철한 이성을 가져라.

'호의'가 사람을 잡는다. 호의에 담겨진 의미를 파악하고, 반드시 은혜로 받으라.

'차차'가 사람 잡는다. 오늘 할 일을 내일로 미루지 말라.

'나중에'가 사람을 잡는다. 지금 결단하라.

'괜찮겠지' 가 사람 잡는다. 세상에는 안 괜찮은 일들이 많이 있다.

'공짜' 가 사람 잡는다. 반드시 대가를 지불하라.

'고까짓 것' 이 사람 잡는다. 남을 무시하면, 그를 지으신 하나님을 무시하는 것이다.

'별것 아니야' 가 사람 잡는다. 모든 것은 소중하다. 별것 아닌 것은 없다.

'조금만 기다려' 가 사람 잡는다. 기다리게 해놓고 변하는 사람도 많다.

'이번 한 번만' 이 사람을 잡는다. 한번이 열 번 백 번이 된다.

'남도 다하는데' 가 사람을 잡는다. 세상모든 사람이 다해도 하지 말아야 할 일이 있다.

> 그래요. 세상살이에는 무임승차는 절대없죠. 세상살이는 냉엄하며 복 지은자에게만 눈에 보이지 않게 그 복이 돌아가죠. 그래서 옛사람들은 적선에 많은 주의와 관심을 쏟고 가훈으로 물려주었죠. 불가에서도 무주상보시복덕이라 해서 눈에 보이지 않게 허세 부리지 않고 쌓는 복을 으뜸으로 치고 있죠. 인생을 살면서 너무 소심해도 발전이 없겠지만 살아 본 어른들 말씀이 늘 살얼음 걷듯 살아라고 하시죠. 한치의 오차도 없이 돌아가는 것이 우주의 본래면목이지요.

나를 아름답게 하는 기도

날마다 하루 분량의 즐거움을 주시고, 일생의 꿈은 그 과정에 기쁨을 주셔서 떠나야 할 곳에서는 빨리 떠나게 하시고, 머물러야 할 자리에는 영원히 아름답게 머물게 하소서..
누구 앞에서나 똑같이 겸손하게 하시고, 어디서나 머리를 낮춤으로써 내 얼굴이 드러나지 않게 하소서..
마음을 가난하게 하여 눈물이 많게 하시고, 생각을 빛나게 하여 웃음이 많게 하소서..
인내하게 하소서.. 인내는 잘못을 참고 그냥 지나가는 것이 아니라 사랑으로 깨닫게 하고, 기다림이 기쁨이 되는 인내이게 하소서..
용기를 주소서. 부끄러움과 부족함을 드러내는 용기를 주시고, 용서와 화해를 미루지 않는 용기를 주소서..
음악을 듣게 하시고 햇빛을 좋아하게 하시고, 꽃과 나뭇잎의 아름다움에 늘 감탄하게 하소서..
누구의 말이나 귀 기울일 줄 알고, 지켜야 할 비밀은 끝까지 지키게 하소서..
사람을 외모로 평가하지 않게 하시고, 그 사람의 참 가치와 모습을 빨리 알게 하소서..
사람과의 헤어짐을 자연스럽게 받아들이되 그 사람의 좋은 점만 기억하게 하소서..
나이가 들어 쇠약하여질 때도 삶을 허무나 후회나 고통으로 생각하지 않게 하시고, 나이가 들면서 찾아오는 지혜와 너그러움과 부드러움을 좋아하게 하소서..
삶을 잔잔하게 하소서..
그러나 폭풍이 몰려와도 쓰러지지 않게 하시고, 고난을 통해 성숙하게 하소서..

건강을 주소서..그러나 내 삶과 생각이 건강의 노예가 되지 않도록 하소서..

질서를 지키고 원칙과 기준이 확실하며 균형과 조화를 잃지 않도록 하시고, 성공한 사람보다 소중한 사람이 되게 하소서..

언제 어디서나 사랑만큼 쉬운 길이 없고, 사랑만큼 아름다운 길이 없다는 것을 알고 늘 그 길을 택하게 하소서..

-《삶의 기도》 중에서 -

삶은 무엇일까요...

순수, 맑음, 겸허, 내려놓음, 온유, 성실, 진실, 사랑...

많은 단어들이 떠 오르네요. 성선설을 믿고 싶고 모두가 그렇게 되기를 이 우주가 항행하는 동안... 형상이 만들어짐은 반드시 명멸한다는 것을 알고 형상지어짐에 감사하고 본래자리로 돌아갈 때 가장 가벼움으로 돌아갈 수 있기를 기원하며 사는 삶.

가장 하기 쉽고, 듣기 좋은 말

"잘 지냈는가?"
물어오는 당신의 안부전화는 하루종일 분주했던 내 마음에 커다란 기쁨 주머니를 달아주는 말입니다.

"고맙소."
가만히 어깨 감싸며 던진 말 한마디는 가슴 저 깊이 가라앉는 설움까지도 말갛게 씻어주는 샘물과 같은 말입니다.

"수고했어."
엉덩이 툭툭치며 격려해주는 당신의 위로 한마디는 그냥 좋아서 혼자 걸레질 하고난 뒤, 더욱 신나게 하는 말입니다.

"최고야"
눈 찔끔감고 내민 주먹으로 말하는 그 말 한마디는 세상을 다 얻은듯한 가슴뿌듯한 말입니다.

"사랑해"
내 귓가에 속삭여주는 달콤한 사랑의 말한마디는 고장난 내 수도꼭지에서 또 눈물을 새게 만드는 감미로운 음악과도 같은 말입니다.

격려와 위로를 줄 수 있는 하루! 참 건강하고 살맛나는 인생이죠. 마음이 열려있는 사람들만이 누릴 수 있는 커다란 선물이기도 하지요.

한번 살고가는 우리네 인생

우리네 인생이 그리 길지도 않은데 왜 고통 속에 괴로워하며 삽니까?
우리네 인생이 그리 길지도 않은데 왜 슬퍼하며 눈물 짓습니까?
우리가 마음을 너무 어렵게 생각해서 그래요.
나의 삶을 누가 대신 살아주는 것이 아니 잖아요.
나의 삶의 촛점을 상대에게 맞추면 힘들어 져요.

행복은 누가 가져다 주는 것이 아닙니다.
단지.. 내가 마음 속에서 누리는 것이랍니다.
어떤 대상을 놓고 거기에 맞추려고 애쓰지 말아요.
그러면 병이 생기고 고민이 생기고 욕심이 생겨 힘들어져요.
누구에게도 나의 바램을 강요하지 말아요.
누구에게서도 나의 욕망을 채우려 하지 말아요 그러면 슬퍼지고 너무 아파요.

우리네 인생이 그리 길지도 않은데 이제 즐겁게 살아요.
있는 그 모습 그대로 누리면서 살아요.
우리의 삶을 아름답고 행복하게 지어서 서로의 필요를 나누면서 살아요.
갈등하지 말아요 고민하지 말아요.
슬퍼하지도 말아요 아파하지도 말아요.
우리가 그러기엔 너무 인생이 짧아요.

뒤는 돌아 보지말고 앞에있는 소망을 향해서 달려가요.

우리 인생은 우주 보다도 크고 아름다워요.

우리 인생은 세상 어느 것과도 바꿀 수 없어요.

우리 자신은 너무 소중한 존재 입니다.

그리하면 만족하고 기쁨이 온답니다.

나의 눈을 뜨면 우주가 열리고 눈을 감으면 우주는 사라져 버립니다.

그러기에 이 세상의 주인은 자신이죠.

일체유심조(一切唯心造)가 생각나는 순간입니다.

가까이 해야할 사람과 멀리 해야할 사람

가장 무서운 사람은? 나의 단점을 알고 있는 사람이고,
가장 경계해야 할 사람은? 두 마음을 품고 있는 사람이며,
가장 간사한 사람은? 타인을 필요할 때만 이용해 먹는 사람이다.

가장 나쁜 친구는? 잘못한 일에도 꾸짖지 않는 사람이고,
가장 해로운 사람은? 무조건 칭찬만 해주는 사람이며,
가장 어리석은 사람은? 잘못을 되풀이 하는 사람입니다.

가장 거만한 사람은? 스스로 잘났다고 설쳐대는 사람이고,
가장 가치없는 사람은? 인간성이 없는 사람이며,
가장 큰 도둑은? 무사안일하여 시간을 도둑질하는 사람입니다.

가장 나약한 사람은? 약자 위에 군림하고 있는 사람이고,
가장 불쌍한 사람은? 만족을 모르고 욕심만 부리는 사람이며,
가장 불행한 사람은? 불행한 것이 무엇인지 모르는 사람입니다.

가장 불안한 사람은? 마음의 안정을 찾지 못하는 사람이고,
가장 가난한 사람은? 많이 가지고도 만족하지 못하는 사람이며,
가장 게으른 사람은? 일을 뒤로 미루는 사람입니다.

가장 가치없는 삶을 사는 사람은? 먹기 위해 사는 사람이고,
가장 우둔한 사람은? 더 이상 배울것이 없다고 자만하는 사람이며,
가장 큰 망언자는? 부모님께 불효하는 사람이다.

가장 어리석은 정치가는? 물러날 때를 모르는 사람이고,
가장 무서운 병을 앓고있는 사람은? 정신병을 앓고있는 사람이며,
가장 파렴치한 사기꾼은? 아는 사람을 사기치는 사람이다.

가장 추잡한 사람은? 양심을 팔아먹은 사람,
가장 큰 배신자는? 마음을 훔치는 사람이며,
가장 나쁜 사람은? 나쁜 일인줄 알면서 나쁜 일을 하는 사람이다.

참 인간되기 힘들죠. 그러나 본래 모습으로 돌아가면 사람만큼 아름다운 존재가 이 세상에 있을까요?

두번째 이야기 | # 부부

"이야기하라, 이야기하라."
두 사람의 대화가 많을수록 문제는 적어집니다.
동시에 들어주라. 무슨 이야기든
잘 듣는다면 사랑은 저절로 여물어 갑니다.

결혼과 행복

삼육대학교 화원입구에 I LOVE YOU를 풀어 학생들이 새겨놓은 8행시가 있네요.

I : Inspire warm. 따뜻한 감정을 일어나게 하고

L: Listen to each other. 귀를 기울려 서로의 이야기를 듣고

O: Open your heart. 마음의 문을 열어서

V: Value your union(Wedding). 두분의 화합(결혼)을 가치있게 하여라.

E: Express your trust. 서로에게 진실을 보여주며

Y: Yield to good sense. 좋은 느낌은 서로에게 양보하며

O: Overlook each mistakes. 서로의 미숙함을 눈감아주며

U: Understand your difference. 두분의 차이를 이해하여라.

결혼이란 한 눈을 지긋이 감고 사는 것이다. 결혼은 파르테논 신전의 대들보가 오늘날까지 존속하는 것처럼 서로를 묶어 구속하는 것이 아니라 적정한 거리를 두고 제 위치를 지킴으로서 공간이 생기고 그 속에서 자녀가 태어나 뛰놀고 가족이 하나의 동심원처럼 되는 것이다. 그리고 철로의 레일처럼 만나지는 않지만 같은 방향을 바라보고 달려가는 것이다.

남편과 아내의 10계명

남편의 십계명

01. 결혼전과 신혼 초에 보였던 관심과 사랑이 계속 변치 않도록 노력하세요.

02. 결혼기념일과 아내의 생일을 잊지 마세요.

03. 평소 아내의 옷차림과 외모에 관심을 보이세요. 남편은 아내의 사랑스러움을 가꾸는 정원사라는 것을 알아야 해요.

04. 아내가 만든 음식에 대해 말이나 행동으로 아내에 대한 감사를 표시하세요.

05. 결혼의 행복이란 부부간의 사랑보다도 평소에 부부가 얼마나 많은 대화를 나누는가에 달려있습니다.

06. 아내의 마음에 상처를 주는 농담이나 행동을 삼가하세요.

07. 가정불화가 있을 때 남편은 한 걸음 양보하세요. 아내의 매력이 사랑스러움 이라면 남편의 매력은 너그러움 입니다.

08. 가정경제는 아내에게 일임하여 아내가 보람을 갖게 하세요.

09. 아내의 개성과 취미를 존중해주고 키워주도록 하세요.

10. 하루에 두 번 이상 아내의 좋은 점을 발견하여 즉시 일러줌으로써 아내에게 기쁨을 주는 습관을 기르세요.

아내의 십계명

01. 자기 자신과 가정을 아름답게 꾸밀 줄 아는 재치와 근면성을 기르세요.

02. 음식준비에 정성을 기울이고 남편의 식성에 유의하세요. 식탁은 가정의 화목을 도모하고 대화를 나누는 친교의 광장이며, 하루의 피로를 풀고, 내일을 꿈꾸는 희망의 산실입니다.

03. 혼자만 말하지 마세요. 남편에게 말할 기회를 주지 않아 부부가 충돌하는 경우가 의외로 많습니다.

04. 남들 앞에서 남편의 결점을 늘어놓거나, 지나친 자랑을 하지 마세요.

05. 남편에게 따져야 할 말이 있을 때는 그의 기분 상태를 참작하세요.

06. 남편에게는 혼자만의 정신적 휴식시간을 갖고 싶어하는 심리가 있음을 잊지 말아야 합니다.

07. 중요한 집안 일을 결정할 때는 남편의 뜻에 따르세요.

08. 남편의 수입에 맞춰 절도있는 살림을 꾸려 나가도록 하세요.

09. 모든 일에 참을성을 가지세요.

10. 하루에 두 번 이상 남편의 좋은 점을 발견하고, 지적해 주세요.

부부 십계명

01. 남편(부인)이 말할 때는 고개를 끄덕이면서 맞장구를 치라.

02. 누군가와 말을 하고 있을 때 중간에 끼어들지 말라.

03. 말을 할 때는 웃으면서 정이 드는 말을 골라서 하라.

04. 자존심을 상하게 하는 말은 살맛까지 떨어지게 하므로 조심하라.

05. 마음에 들지 않는 말이라도 그 앞에서 면박을 주지 말라.

06. 나만 말하고 끝내지 말고 상대방에게도 말할 기회를 주라.

07. 했던 말이나 하고 있는 말은 더 이상 반복하여 말하지 말라.

08. 말 할 때는 유머를 섞는 재치가 넘치는 화법을 구사하라.

09. 말 할 때 얼굴을 찌푸리거나 침이 튀지 않게 하라.

10. 거짓말은 애당초 나의 입가에 가까이도 하지 말라. 상대편이 기쁨과 긍지를 가지도록 하세요.

부부가 사랑하면 칼날 위에서도 함께할 수가 있지만 싫어지면 지구 전체만한 공간이 있어도 부대껴 살 수가 없답니다. 혼자 세상에 와서 둘이 하나가 된다는 것이 쉬운 일이 아니죠. 가장 중요한 것은 초심을 잃지 않는 것, 말을 온화하게 할 것, 공동의 취미를 개발할 것, 둘 만의 일 외의 것으로 다투지 말 것, 역할 분담을 잘 할 것, 매사를 말로 해결하려고 하지 말고 행동으로 실천할 것, 가급적 모임에 함께할 것, 등 말할 수 없을 만큼 주의를 기울여야 할 것이 많죠.

남편이 하면 좋은 10가지

1. 아내에게 행복 비타민을 먹여라.

가장 좋은 비타민은 '비타민 H' 이다.

표현되지 않은 사랑은 사랑이 아니다.

하루에 한번씩 사랑한다고 말하라.

사랑은 보약과 같다. 사랑 약 이외는 없다.

2. 여성에 대한 지식을 가져야 한다.

아내를 연구하라.

아내와 사는 것은 군대를 지휘하는 것보다 힘들다.

3. 최고의 리더십은 섬김으로부터 시작된다.

잔소리와 꾸지람 대신 존중과 섬김으로 대하라.

섬김을 이겨낸 잔소리는 없다.

섬김이야말로 하루를 여는 열쇠며

하루를 닫는 자물쇠와 같다.

아내와 자녀를 위해 섬기는 마음으로 대하라.

아내는 신이다. 신처럼 모시면 아무 일도 없다.

4. 가장 깊은 사랑은 기다림이다.

서두르지 말라. 급하게 먹은 것은 체한다.

사랑의 핵심은 기다림에 있다. 인내심이 중요하다.

제트기도 나는데 시간이 필요하다.

기다릴 수 없는 사랑은 사랑이 아니다.

5. 베갯밑 대화를 나누어라.

아내가 원하는 것은 코고는 소리가 아니다.

침실에서 돌아눕지 말라. 갈라지는 것은 가장 무서운 적이다.

마주보고 누우면 가장 가까운 사이지만 돌아눕는 순간

부부거리는 10만리가 되고 만다.

지구를 한바퀴(40.350km) 돌아야 만날 수 있기 때문이다.

6. 아내에게 돈을 맡겨라. (경제권)

돈은 애정의 척도가 된다. 믿지 못함은 부부가 아니다.

아내가 가장 듣기 싫어하는 말은 가계부 좀 보자는 소리다.

보여주기 전에는 훔쳐볼 생각을 말아라.

정 보고 싶거든 이렇게 말하라.

"모자라지 않아? 힘들지." 말이라도 이렇게...

7. 아내가 아니라 여성으로 대하라.

아내는 소유의 개념이지만 연약한 여성은 보호의 개념이다.

내 아내이기 전에 한 사람의 여성임을 기억하고 보살펴 주라.

아내를 관리하려 들지 말라. (인격체라는 것을 알아야 한다.)

아내는 재산이 아니라 파트너다. 삶의 영원한.........

8. 가족들을 위해 보험을 들어라.

가장 큰 보험은 시간보험이다. 시간의 중요성.

저축한 것 이상을 찾아 쓸 수는 없다.

가족을 위해 시간을 투자하는 것은 이익이 눈덩이처럼 불어난다.

잠시라도 가족들을 위해 시간을 투자해 보라. 여행, 외식.

가정은 시간으로 쌓아올려지는 성(城)과 같다. 시간의 필요성.

9. 아내한테 지는 것이 이기는 것이다.

제일 어리석은 사람이 아내와 싸워 이기려는 것이다.

어리석은 졸장부가 이기려 한다. 천하의 바보라 생각한다.

꼭 이기고 싶거든 자신을 이겨라.

승리자 곁에는 언제나 패배자만 남지만,

사랑하는 이 곁에는 사랑하는 이들로 가득차게 된다.

10. 아내를 키워라.

그리고 아내와 생의 목표를 같이 나누어라.

아내를 식모로 취급하지 말라. (문화생활을 즐기게 하라)

아내도 자라가야 한다.

(끝없는 배움의 기회를 줘라. 회화, 꽃꽂이 등)

마이너스 성장이 아니라 플러스 성장을 하도록 하라.

때로는 아내에게 품위 유지비도 지불해 보아라.

아내이기 전에 여성임을, 아내이기 전에 사랑한 여인이기를, 내자식의 어머니임을 잊지 않고 산다면 현자의 삶을 사는 것이겠죠.

멋쟁이 부부 10계명

01. 격려의 말을 입버릇처럼 =「당신 생각이 옳아요」
「당신 옷차림이 잘 어울리네요」「당신과 있으니까 좋아요」
「당신 멋쟁이야」 등 배우자를 칭찬는 말은 잦을수록 좋다.
비웃음, 묵살 등 부정적인 표현은 삼간다.

02. 하루 한끼 이상 식탁 데이트를 = 부부가 마주 앉아 대화하며 식사하는 것이 아주 중요하다. 한끼 이상 부부가 함께 식사하는 습관을 들인다.
식탁 대화는 가볍고 즐거운 것으로 한다.

03. 매주 한번 편지 쓰기 = 배우자에게 고마움이나 애정을 표현하는 글을 전해 준다. 앞날의 계획이나 지난날의 추억도 좋은 편지 글감. 배우자에게 보내는 편지는 처음엔 다소 어색하더라도「사랑하는 당신에게」로 시작해서 당신을 사랑하는 ○○○으로부터」로 끝을 맺는다. 사랑도 연습이다.

04. 달마다 한번 이상 데이트하기 = 오붓한 산책, 외식, 쇼핑, 문화 행사 참가 등 둘만의 데이트가 부부 사랑을 재충전해준다.

05. 철따라 짧은 여행 계획 = 자연을 즐길 수 있는 짧은 여행을 마련한다.
계획을 짜는 것 부터가 부부간의 정을 새롭게 한다.

06. 기념일 챙기기= 배우자의 생일, 둘이 처음 만난 날, 결혼기념일 등 기념일은 꼬박꼬박 챙긴다. 값비싼 선물, 외식만이 방법은 아니다. 추억 어린 곳을 찾아도 괜찮고 평소하고 싶었던 일을 함께 하는 것도 뜻이 깊다.

07. 여가 계획은 머리를 맞대고=자투리 시간이나 하루 정도의 여가라도 부부가 의논, 계획을 세워 보낸다.

08. 어려움 나누기=자동차 고장, 빠듯한 생활비 등 어려움이 있더라도 봉사활동이나 최소의 비용으로 하는 나들이 등 여가를 보낼 대안을 찾는다.

09. 실속 있는 부부 데이트= 가볼만 한 곳, 맛있는 음식점 등을 부지런히 알아뒀다가 활용한다.

10. 여가 생활을 정열적으로=시간, 돈, 정열을 투자해서「기쁨」을 수확하는 여가 생활은 일하는 것 못지않게 중요하다. 쉴 때는 철저히 쉬는 것이 부부 사이에도 새로움을 준다.

부부란 관심을 먹고 사는 존재가 아닐까요. 자신도 이기지 못하고 사는 것이 삶인데 타인과 하나가 되어 살아 간다는 것은 노력없이 결실을 맺을 수가 없겠죠. 사랑, 배려, 기다림, 인내,... 또 사랑.

부부들에게 보내는 편지

한 여성이 부부 세미나에서 강사로부터
이런 말을 들었습니다
"요새 부부들은 대화가 너무 부족하다.
남편과 장단점을 다 나눠라."

그 말대로 그녀는 집에 와서
남편에게 서로 부족한 점을 하나씩
나눠 보자고 했습니다.
남편이 주저하다 마지 못해 "그러자!"고 했습니다.

곧 아내 입에서 남편의 단점이 쏟살같이 나왔습니다.
"당신은 먹을 때 호르륵 호르륵 소리를 내고 먹는데,
주위 사람도 생각해서 앞으로는 좀 교양 있게 드세요."

이제 남편의 차례가 되었습니다.
남편이 손을 턱에 대고 아내의 얼굴을 보면서
한참 생각하는데,
남편 입에서는 아무 말도 나오지 않습니다.

아내가 그 모습을 찬찬히 보니까
옛날 연애하던 시절의
멋진 남편의 모습이 아련히 떠올랐습니다.
결국 한참 있다가 남편이 말했습니다.
"아무리 생각해도 별로 생각나지 않는데..."

오늘 날 많은 아내들이 기대하는 남편이
이런 남편이 아닐까요?
남편도 아내의 잘못을 지적하려면 얼마나 많겠습니까?

백화점 가서 바가지 쓴 것, 가스 불 켜놓고 잠든 것
식당에 집 열쇠 놓고 온 것, 어디서 자동차 들이받고 온 것 등
지적 할 것이 많을 것입니다.

그래도 지적하지 않고,
"별로 생각나지 않는데…"라고 말할 수 있다면
얼마나 멋진 모습입니까?

배우자의 사명은 실패와 실수를 지적하는 것에 있지 않고
실패와 실수를 덮어주는 것에 있습니다.
남편과 아내는 배우자의 약점을 찾아 보라고.
각 가징으로 보내어진 스파이(spy)가 아니라,
배우자의 부족한 파트(part)를 메워 덮어 주라고
각 가정으로 보내어진 파트너(partner)입니다.
삶에 힘겨워하는 반쪽이 축 처진 어깨를 하고 있을 때

나머지 반쪽이 주는 격려의 말 한 마디는
행복한 가정을 지탱하는 든든한 기둥이 될 것입니다.

부부는 서로 경쟁하는 여야 관계가 아니고
서로 존중하는 동반자 관계입니다.
부부는 서로의 '존재의 근거' 입니다.

배우자를 깎으면 자기가 깎이고,
배우자를 높이면 자기가 높여집니다.
배우자를 울게 하면 자기의 영혼도 울게 될 것이고,
배우자를 웃게 하면 자기의 영혼도 웃게 될 것입니다.

부부간의 갈등이 말해주는 유일한 메시지는
"나를 동반자로 존중하고
좋은 대화 파트너가 되어 달라! " 는 것입니다.

부부간에 좋은 말은 천 마디를 해도 좋지만,
헐뜯는 말은 한 마디만 해도 큰 해가 됩니다.
가끔 배우자에 대해 속상한 마음이 들어도
'시간의 신비한 힘' 을 믿고
감정적인 언어가 나오는 것을 한번 절제하면
그 순간 에덴은 조금씩 그 모습을 드러낼 것입니다.

가끔 자녀들이 묻습니다.
"엄마! 아빠! 천국은 어떻게 생겼어? "
어떤 부부는 말합니다.

“그것도 몰라! 우리 집과 같은 곳이 바로 천국이야! ”
자녀에게 천국의 삶을 보여줄 수 있는
가장 생생한 교육 현장은 사랑과 이해와 용서를
앞세워 사는 부부의 모습입니다.

그 모습이 그 부부 및 자녀의 내일에
행복의 주단을 깔게 될 것입니다.

부부는 결점을 보기 위해 결합된 것이 아니라 장점을 이끌어 내어 행복한 가정을 만드는 것이 소명이죠.

부부 관계란

1. 웃음을 잃지 마세요.
어떤 관계도 유머감각 없이는 유지하기 어려워요. 웃고, 웃고, 또 웃으세요.
그러면 모든 일들이 긍정적으로 변한대요.

2. 잘못이 있으면 자존심을 내세우지 말고 사과하세요.
그리고 상대의 사과도 너그럽게 받아들이세요.

3. 상대가 요즘 고민이 있는지를 살피세요.
고민은 신경질과 트러블의 원인이니까요.

4. 서로에게 선물공세를 퍼부으세요.
예를들어 꽃이나 CD 등등을... 선물은 꼭 비싸지 않아도 상관없어요.

5. 같이 할 시간을 만들어 공동의 관심사나
함께 참여할 수 있는 취미를 즐기세요. 함께있는 시간이 더 즐거워질 겁니다.

6. 상대를 비판하거나 흠잡는 버릇을 만들지 마세요.

7. 끊임없이 포옹하고 손을 잡으세요.
사랑의 스킨십은 만병을 고친대요.

8. 서로의 프라이버시를 존중하세요.

9. 화를 억누르지 마세요 그러면 우울증이 생길 수도 있어요.
당신 자신에게 화가 났을 때 그걸 상대에게 화풀이 하는 것 같은 행동은 하지마세요.

10. 서로에게 많은 칭찬을 해 주세요.

11. 끊임없는 커뮤니케이션을 유지하세요.
기념일을 잊지 말고 자발적으로 꾸준하게 어드벤처를 가지세요.

12. 모든 일이 한결같기를 기대하는 것은 무리예요.
서로의 변화와 성장을 격려하세요.

13. 서로에게 가끔은 놀랄만한 일을 벌이세요.
꼭 이상한 사고를 일으킬 필요는 없어요. 그것은 상대를 불안하게 하거든요.
단지 상대에게 당신이 특별하다는 사실을 인식시키면 돼요.

14. 충만한 삶을 사세요.
새로운 것들을 배우고 새로운 친구를 사귀면 항상 당신의 인간관계에 신선한 활기를 불어넣어 줄꺼예요.

15. 느끼는 바로 그 순간 '사랑해' 라고 말하세요.
감정은 기복이 있다는 사실을 인정해야겠죠?

16. 외모에 항상 신경을 쓰세요.

17. 서로에 대한 호기심을 잃지 마세요.
언제나 새로운 사실이 기다리고 있거든요.

18. 논쟁이 생겼을 때에는 상대가 하는 말을 잘 들어 주세요. 이전에 전부 들은 말이라며 흘려듣는 일을 하지 마세요.

19. 당신은 사랑에 관한 한 항상 장난꾸러기가 되어야 해요.

20. 모든 결정은 둘이 함께 내리세요.

부부는 소꿉친구다. 더 이상 갈등이 없겠죠. 부부관계는 소유하는 것이 아니라 적정한 거리를 가지고 상호존중하는 관계이죠.

부부 대화 십계명

01. 맞장구를 쳐주자.
아무리 신나는 장구도 맞장구만 못하다. 상대방을 인정하고 높여주는 맞장구는 멋진 인간관계를 만들어준다.

02. 분위기에 맞는 말을 하자.
때와 장소와 분위기에 맞는 말을 해야한다. '경우에 합당한 말은 아로새긴 은쟁반에 금사과'라고 하였다.

03. 자존심 상하는 말을 쓰지 말자.
자존심 상하는 말을 들으면 적개심이 생긴다. 생각없이 불쑥 나온 말이 상대방의 가슴에 상처로 남을 수 있다.

04. 정감 있게 말하라.
말을 할 때에 한 음정 낮추어서 말을 하게 되면 정감 있게 들릴 것이다. 정감 어린 말의 습관은 분위기를 만든다.

05. 상대방에게 말할 기회를 주어라.
대화는 주고받는 것이지 혼자 떠드는 것이 아니다. 말을 잘 하는 것은 혼자 떠드는 것이 아니라 들어주는 것이다.

06. 같은 소리를 두 번 이상 반복하지 말자.
아무리 좋은 이야기라도 계속 반복하게 되면 신경질이 나고 기분이 상하게 된다. 한 두 번이면 족하다.

07. 칭찬의 말을 세 번 이상 하자.
바보 온달도 평강공주의 칭찬이 없었더라면 바보로 끝났을 것이다. 좋은 칭찬은 마음에 행복감을 느끼게 한다.

08. 좋은 말만 골라서 사용하자.
말이 씨가 된다고 한다. 어떤 말을 쓰는가를 보면 그 사람의 장래가 어떻게 될까 가히 짐작할 수 있다.

09. 유머의 소재를 스스로 개발하자.
유머로 남을 웃길 줄 아는 사람은 재벌, 자기가 웃을 줄 아는 사람은 부자다. 웃음꽃보다 값지고 아름다운 꽃은 없다.

10. 알아주는 말을 해 보자.
아무리 나를 몰라주어도 아내(남편)만큼은 알아주기를 원한다. 알아주는 말에 힘이 생기고 몰라주는 말에 가슴이 미어진다.

대화는 수긍하고 오픈마인드가 된 상태에서 시작이 되죠. 그렇지 못한 것은 소음에 불과하답니다. 이 세상에 실수를 하건 어떻하건 감싸주고 들어줄 수 있는 것이 부부간의 대화가 아닐까요. 잘못 전달되면 편안히 정정하면 되고 시시비비를 가릴 일도 없고 그런데 왜 그리 의견이 안맞다고 고함치고 다투며 돌아서는지요. 부부대화를 전쟁터의 칼싸움으로 여기는 가정은 없는지요.

부부란?

부부란 반쪽의 두 개가 아니고
하나의 전체가 되는 것입니다.
한 몸이 된다는 "결혼서약" 은,
두 개의 물방울이 모여 한 개가 된다는 의미입니다.

부부는 가위입니다.
두개의 날이 똑같이 움직여야 가위질이 됩니다.
부부는 일체이므로 주머니가 따로 있어서는 안됩니다.
부부는 주머니도 하나여야 합니다.

부부란
피차의 실수를 한없이 흡수하는 호수입니다.
"부부싸움은 칼로 물베기" 이니까요.
좋은 남편은 귀머거리요,
좋은 아내는 소경입니다.

좋은 남편은 골라서 듣고,
좋은 아내는 골라서 봅니다.
좋은 남편은 고개로 사랑하고

좋은 아내는 눈으로 사랑합니다.
부부는 해묵은 골동품과 같습니다.

부부의 사랑이란
꽤 "오래 뜸을 들인 후에야 성숙해" 집니다.
아내의 인내는 남편을 살리고
남편의 인내는 아내를 명예롭게 합니다.

"부부생활이란 긴 대화" 입니다.
결혼생활에는 견습기간이 없습니다.

부부생활에는
"five bear(곰 다섯 마리)" 가 있어야 한다는 말이있습니다.
"a bear(곰 한 마리-bear는 참는다는 뜻)"와
"for bear (역시 참는다는 뜻으로 곰 네 마리 곧 four bear와 발음이 같다)" 가
합쳐 곰 다섯 마리인 것입니다.

결국 부부생활은
참고 또 참는 길만이 최선이란 얘기 입니다.

우리가 살고 있는 21세기 초엽의 시대는
"신경을 극도로 자극하고 정신을 초조하게 만드는 시대" 입니다

우리가 살고 있는 이 시대는 "피곤한 시대" 입니다.
부부는 아내는 남편의 안식처가 되며,
남편은 아내의 안식처가 될 때

비로소 가정은 평화의 공간이 되는 것 입니다.

우리가 살고 있는 이 시대는
“개성을 상실하기 쉬운 시대” 입니다.
개성이 인정되지 못할 때 사람은 불행해지는 것입니다.

결혼은 사랑의 만남이고,
자녀는 사랑의 열매이며,
가정은 사랑의 온상이고,
“부부 싸움은 사랑의 훈련” 입니다.

부부의 조화를 위하여 다음의 몇 가지를 생각해 보죠.
떨어지지 말고 되도록 함께 다녀라.
교대로 화내고 동시에 소리 지르지 말라.
남편(아내)의 약점을 남에게 말하지 말라
확실한 증거없이 아내(남편)의 실수나 허물을 지적하지 말라.
냉전은 해 떨어지기 전에 끝내라.
아직 부부로 있는 이상 의심하지 말라.

아내들이여, 들릴 만큼 한숨 쉬지 말라.
남편들이여, 소리 지르기 전에 두 번만 심호흡을 하라.
그대가 용서받은 십자가의 사랑을 생각하고 그대도 용서하라.
행복해야 할 그대의 아이들과 조화를 원하시는 창조자가
그대들을 보고 있음을 기억하라.

오늘 아내(남편)를 어떤 말,

어떤 행동으로 사랑했는지 반성해보라.
인간에게 속박되는 자유가 있는 데 그것은 사랑입니다.

결혼이란 피차 어떤 점에서 묶이는 것입니다.
결혼생활에서의 자유와
사회생활에서의 자유는 차이점이 있습니다

사회생활에서는 무언가로부터의 자유를 갈망하나,
결혼 생활에서는
자신의 소중한 자유를 상대에게 바치게 됩니다.

피차의 자유를 주장하기만 하고 바칠 생각이 없는 사이라면
동거인이라고 할 수는 있어도 부부라고 하기는 어렵습니다.

“사랑은 오랜 세월을 걸쳐 싸우며 자라는 것입니다.”
“부부의 사랑에는 연륜이 필요” 합니다.
사랑은 여는 것입니다.

부부 사이에 금이 생기는 원인은
어느 한쪽이 혹은 양쪽이 다 자기를
상대에게 공개하지 않는데서 오는 것입니다.

“어리석은 생각 넘버원은 상대가 변화하기를 바라는 것입니다.”
부부문제의 해결은
“내가 먼저 달라져야 한다.”
라고 생각하는 순간부터 시작됩니다.

"그대의 상대는 기성품이 아니라 원료에 불과합니다."
결혼 상대자는 잘 관찰하고
되도록 이상에 가까운 상대를 골라야 합니다.

"이야기하라, 이야기하라."
두 사람의 대화가 많을수록 문제는 적어집니다.
고양이 이야기든 유치한 농담이든 많이 이야기하라.
동시에 들어주라. 무슨 이야기든
잘 듣는다면 사랑은 저절로 여물어 갑니다.

부부간에 사랑은 초심을 유지하며 경청하는 것이 사랑을 영글게 하고 향기로운 보금자리를 만들어 가는 것이죠.

부부사랑

세상에
이혼을 생각해 보지 않은 부부가
어디 있으랴

하루라도 보지 않으면
못 살 것 같던 날들 흘러가고
고민하던 사랑의 고백과
열정 모두 식어가고

일상의 반복되는 습관에 의해
사랑을 말하면서
근사해 보이는 다른 부부들 보면서
때로는 후회하고
때로는 옛사랑을 생각하면서
관습에 충실한 여자가 현모양처고
돈 많이 벌어오는 남자가
능력있는 남자라고 누가 정해 놓았는 지

서로

그 틀에 맞춰지지 않는 상대방을

못마땅해 하고

자신을 괴로워하면서

그러나, 다른 사람을 사랑하려면

처음부터 다시 시작하기 귀찮고 번거롭고

어느새 마음도 몸도 늙어

생각처럼 간단하지 않아

헤어지자 작정하고

아이들에게 누구하고 살거냐고 물어보면

열 번 모두 엄마 아빠랑

같이 살겠다는 아이들 때문에 눈물짓고

비싼 옷 입고

주렁주렁 보석달고 나타나는 친구

비싼 차와 풍광 좋은 별장갖고 명함 내미는 친구

까마득한 날 흘러가도

융자받은 돈 갚기 바빠

내 집 마련 멀 것 같고

한숨 푹푹 쉬며 애고 내 팔자야

노래를 불러도
어느 날 몸살감기라도 호되게 앓다보면

빗길에 달려가 약 사오는 사람은
그래도 지겨운 아내,
지겨운 남편인 걸...
가난해도 좋으니
저 사람 옆에 살게 해 달라고
빌었던 날들이 있었기에...

시든 꽃 한 송이
굳은 케익 한 조각에 대한
추억이 있었기에...

첫 아이 낳던 날 함께 흘리던
눈물이 있었기에...

부모 상(喪) 같이 치르고
무덤 속에서도 같이 눕자고 말하던
날들이 있었기에...

헤어짐을 꿈꾸지 않아도
결국 죽음에 의해
헤어질 수밖에 없는 날이 있을
것이기에...

어느 햇살 좋은 날

드문드문 돋기 시작한

하얀 머리카락을 바라보다

다가가 살며시 말하고 싶을 것 같아

그래도 나밖에 없노라고...

그래도 너밖에 없노라고...

부부란 외로운 지구별에서 나만을 기다려 주는 반짝이는 등불이 아닐까요.

부부싸움 10도(道)

동방예의지국에서 부부싸움에도 道를 지켜야 하나니.

제1도,
상대방의 특기와 주먹의 강도를 미리 알고 덤비니, 이를 지(智)라 한다.

제2도,
비록 상대방이 아픈 표정을 짓는다 해도 이를 과감히 무시하는 것이니, 이를 강(强)이라고 한다.

제3도,
때려서 피가 나는 곳은 두 번 때리지 않으니, 이를 선(善)이라 한다.

제4도
싸움 도중에도 두발이나 의상이 흐트러지면 바로 고치는 것이니, 이를 미(美)라 한다.

제5도
옆집에서 살림을 부수며 싸우는 것을 안타까워하는 것이니, 이를 인(仁)이라 한다.

제6도
말리는 사람이 있어도 말리는 사람 어깨 너머로 과감히 주먹을 날리는 것이니, 이를 용(勇)이라 한다.

제*7*도

맞은 쪽보다는 때린 쪽이 먼저 사과해야 하니, 이를 예(禮)라 한다.

제*8*도

살림을 부숴도 값나가는 것은 차마 부수지 않으니, 이를 현(賢)이라 한다.

제*9*도

주먹을 날리면서도 서로 '나를 정통으로 때리지는 않겠지.' 하고 생각하는 것이니, 이를 신(信)이라 한다.

제*10*도

싸움이 끝난 뒤 맞은 곳을 서로 주물러 주고 잔해 처리를 함께하는 것이니, 이를 의(義)라 한다.

삼국지 속의 부부 같군요. 현대에서는 절대 물리력을 사용해 부부 다툼을 하면 안됩니다. 절대 가정폭력은 안됩니다. 함께 살아도 돌멩이 던진 사람은 잊을지 몰라도 맞은 사람은 평생을 잊지 못하니까요. 파도가 인다고 365일 내내 이는 것이 아니잖아요. 일 때도 있지만 잔잔한 날이 더 많지 않나요? 서로 늙고 죽어갈 존재라는 것을 깨닫고 애처로이 생각하며 산다면 무어그리 다툴 일이 있겠어요.

평화로운 가정에 꼭 있어야할 10가지

1. 용서가 있어야 합니다.
가정에서도 용서해 주지 않는다면 그 사람은 지구상에서 용서받을 곳이 없게 됩니다.

2. 이해가 있어야 합니다.
가정에서도 이해해 주지 않는다면 그 사람은 짐승들과 살 수밖에 없습니다.

3. 대화의 상대가 있어야 합니다.
가정에서 말동무를 찾지 못하면 전화방으로 갈 수밖에 없습니다.

4. 골방이 있어야 합니다.
혼자만의 공간(수납장, 옷장, 공부방, 화장실 등)이 많을수록 인품이 유순해 집니다.

5. 안식이 있어야 합니다.
피곤에 지친 몸을 편히 쉬게 할 수 있는 환경이 가정에 없으면 밖으로 나갑니다.

6. 인정을 해주어야 합니다.
가정에서 인정받지 못한 사람은 바깥에서도 인정받지 못하게 됩니다.

7. 유머가 있어야 합니다.

유머는 가족간의 정감을 넘치게 하는 윤활유 역할을 합니다.

8. 어른이 있어야 합니다.

연장자가 아니라 언행에 모범을 보이는 어른이 계셔야 합니다.

9. 사랑이 있어야 합니다.

잘못은 꾸짖고 잘한 것은 칭찬해 주는 양면성의 사랑이 있어야 합니다.

10. 희망이 있어야 합니다.

앞으로 더 잘될 것이라는 희망이 보이면 가정의 가치는 더욱 높아집니다.

행복한 가정은 두 손이 맞닿아야 소리가 난다는 것을 서로가 알고 ,두 몸이 한 몸이 될 때 사랑스런 자녀가 가정에 탄생했다는 사실을 잊지말며, 같은 방향을 바라볼 때 행복의 그림이 그려지며 역지사지의 입장을 견지할 때 평화가 깃들게 된다.

행복을 나누는 시간표

지혜로운 사람은 시간을 잘 활용합니다.
앤 랜더스는 이런 말을 했습니다.

생각하는 시간을 가지십시오.
사고는 힘의 근원이 됩니다.

노는 시간을 가지십시오.
놀이는 변함없는 젊음의 비결입니다.

책 읽는 시간을 가지십시오.
독서는 지혜의 원천이 됩니다.

기도하는 시간을 가지십시오.
역경을 당했을 때 도움이 됩니다.

사랑하는 시간을 가지십시오
삶을 가치있게 만들어 줍니다.

우정을 나누는 시간을 가지십시오.
생활에 향기를 더해줍니다.

웃는 시간을 가지십시오.
웃음은 영혼의 음악입니다.

나누는 시간을 가지십시오.
주는 일은 삶을 윤택하게 합니다.

가족과 함께 있는 시간을 가지십시오.
삶에 활력을 줄 것입니다.

나눔의 시간은 우주 합일의 일렁임입니다. 파동의 존재가 좋은 파동을 함께 나눌 때 건강함이 함께하고 평화로움과 따시로움이 깃들게 되죠.

행복한 가정생활을 위한 남편 7계명

1. 아내가 변화하기를 바라지 말라.
내가 먼저 변해야 한다. 아내는 기성품이 아니다

2. 아내를 어머니나 다른 여성과 비교하지 말라.

3. 어두운 표정을 지은 채 귀가하지 말라.
가정은 병원이 아니다.

4. 아내의 허물과 실수를 공격하지 말라.
아내는 끊임없이 위로 받기를 원한다.

5. 고개로 아내를 사랑하라.
아내가 말을 할 때면 항상 고개를 끄덕여 주며 반응을 보여라

6. 아내를 관리하려 하지말라.
아내는 물건이 아니라 인생의 영원한 협조자이다.

7. 억압적인 태도를 버려라.
아내 앞에 군림하는 남편일수록 아내로부터 철저히 무시당한다.

부부는 가위와 같다.

두 날이 함께 움직여야 기능을 발휘한다.

두 날 사이에 틈이 생기면 아무것도 자를 수 없다.

부부는 두개의 물방울이 만나 하나가 되는 것이다.

남편은 가정은 이기고 지는 곳이 아니라 이 지구상에서 한 존재의 보금자리라는 것을 깨닫고 군림자나 지배자가 아니라 섬기는 자세로 머슴과 같은 마음으로 생활한다면 가정은 화목하고 심신이 즐겁고 편안하리라. 단 머물음이 없이 물처럼 바람처럼 산다면 모든 것은 자연이 알아서 해결해 주리라.

세번째 이야기 | 교육

참 위대함의 단순성을 배우게 하시며,
참 지혜의 말문을 열고,
참 힘의 온유를 깨닫게 하시면,
"그 아비된 저의 생이 헛되지 않았다"
감사하오리다.

아들에게 주는 글

1. 약속 시간에 늦는 사람하고는 동업하지 말아라.
시간 약속을 지키지 않는 사람은 모든 약속을 지키지 않는다.

2. 어려서부터 오빠라고 부르는 여자 아이들을 많이 만들어 놓아라.
그 중에 하나 둘은 안 그랬다면 말도 붙이기 어려울 만큼 예쁜 아가씨로 자랄 것이다.

3. 식당에 가서 맛있는 식사를 하거든 주방장에게 간단한 메모로 칭찬을 전해라.
주방장은 자기 직업을 행복해 할 것이고 너는 항상 좋은 음식을 먹게 될 것이다.

4. 여자들에게 짓궂게 하지 말거라.
신사는 어린 여자나 나이든 여자나 다 좋아한단다.

5. 선현(先賢)을 자주 찾아보아라.
노자(도덕경). 공자(논어), 붓다(불경), 예수(성경)를 제대로 이해한다면 서른 살을 넘어서면 스스로 서게 될 것이다.

6. 어려운 말을 사용하는 사람과 너무 예의바른 사람을 집에 초대하지 말거라.
굳이 일부러 피곤함을 만들 필요는 없단다.

7. 가까운 친구라도 남의 말을 전하는 사람에게는 절대로 속을 보이지 마라. 그 사람이 바로 내 흉을 보고 다닌 사람이다.

9. 밥을 먹고 난 후에는 빈 그릇을 설거지통에 넣어주거라. 엄마는 기분이 좋아지고 여자 친구 엄마는 널 사위로 맞이하며 네 아내는 행복해 할 것이다.

10. 네가 지금 하는 결정이 당장 행복한 것인지 앞으로도 행복할 것인지를 생각하라.

법과 도덕을 지키는 것은 막상 해보면 그게 더 편하단다.

11. 돈을 너무 가까이 하지 말아라. 돈에 눈이 멀어진다. 그러나 돈을 너무 멀리 하지도 말거라. 너의 처자식이 다른 이에게 천대받는다. 돈이 모자라면 필요한 것과 원하는 것을 구별해서 사용해라.

12. 너는 항상 네 아내를 사랑해라. 그러면 네 아내에게 사랑받을 것이다.

13. 만약 네가 심각한 병에 걸린 것 같으면 최소한 세 명의 의사에게 진단을 받아라.

생명에 관한 문제에 게으르거나 돈을 절약할 생각은 말아라.

14. 베개와 침대와 이불은 가장 좋은 것을 사거라. 숙면은 숙변과 더불어 건강에 가장 중요한 문제다.

15. 너의 자녀들에게 아버지와 친구가 되거라.
둘 중에 하나를 선택해야 될 것 같으면 아버지를 택해라. 친구는 너 말고도 많겠지만 아버지는 너 하나이기 때문이다.

16. 연락이 거의 없던 이가 갑자기 찾아와 친한 척하면 돈을 빌리기 위한 것이거나 무슨 부탁을 하려는 것이다.

만약 돈을 빌려달라고 하면 분명하게 '노' 라고 말해라. 돈도 잃고 마음도 상한다.

친구가 돈이 필요하다면 되돌려 받지 않아도 될 한도 내에서 모든 것을 다 해줘라. 그러나 먼저 네 형제나 가족들에게도 그렇게 해줬나 생각하거라.

17. 네 자녀를 키우면서 효도를 기대하지 말아라.
나도 너를 키우며, 너 웃으며 자란 모습으로 벌써 다 받았다.

사내아이와 여자아이는 같을 것 같으면서도 판이한 면을 지니고 있죠. 그러기에 한 가정이 이루어지면 상호보완해 가며 살 수 있게 되고 행복한 가정은 장점만을 부각시켜 늘 화목하고 그렇지 못한 가정은 단점만을 부각시켜 늘 반목과 대립속에 원망으로 가득찬 생활을 하게 되죠.

아버지 삶의 뒤를 이을 아들에게 할 말 참 많겠지만 중요한 것은 건강, 배우자 선택, 친구, 경제력, 처세, 능력개발 등이 먼저 선행되어야 할 것으로 보이네요,

계모를 감동시킨 효자의 마음

공자의 제자 중에 민손이라는 사람이 있었다.
자가 자건인 그는 공자의 제자들 중에서

덕행이 뛰어난 사람이었다.

그는 일찍이 어머니를 여의었다
그래서 그의 아버지가 후처를 맞았는데

그 계모는 아들 둘을 낳았다.
그 계모는 자신이 낳은 아들만 사랑하고
전처가 낳은 민손에게는 사랑을 베풀지 않았다.

계모는 자신이 낳은 아들들에게는
두툼한 솜옷을 입혔으나
민손에게는 갈대꽃을 따서 옷에 넣어 입혔다.
민손은 추위를 견딜 수가 없었다.

그러나 아무런 불평도 하지 않았기 때문에
민손의 집은 평화롭게 살아갈 수가 있었다

날씨가 추운 어느 겨울날이었다.
아버지가 외출을 하게 되었는데
마침 말을 모는 말몰이꾼이 없어
민손이 수레를 몰게 되었다.

추운 날씨에 솜대신 갈대꽃을 넣은 옷을 입고 있는
민손은 추위를 참으며 수레를 몰았다.
그러나 얼마 가지않아 손이 곱아
그만 말고삐를 놓치고 말았다.

이 때 아버지는
민손의 옷을 만져보게 되었는데
그 옷은 솜이 들어 있는 것이 아니라
갈대꽃이 들어있다는 것을 비로소
알게 되었다.

아버지는 후처를 내쫓으려고 결심했다.
그러자 민손은 아버지 앞에 무릎을 꿇고 말했다.

"어머니가 계시면 자식 하나만이
춥게 지내지만 어머니가 가시면
세 자식이 모두 외롭게 됩니다."

아버지는 민손의 깊은 뜻을 알고
마음속으로 깊이 감동되어
후처를 내쫓지 않았다.

민손의 계모 역시 그 뒤로부터 마음을 고쳐먹고
세 아이를 공평하게 돌보는 등
자애로운 어머니가 되었다고 한다.

계모가 그대로 살면 민손 하나가 춥게 지내지만
계모가 집에서 쫓겨 나가면 세 자식
모두가 외롭게 된다는

말은 참으로 훌륭한 말이라고 하지 않을 수 없다.
민손이 계모 밑에서 춥고 외롭게 지냈지만
그러한 것을 아버지에게 말하지 않은 것은

아버지의 마음을 아프게 할까
걱정이 되었기 때문이다.
참으로 갸륵한 효자의 마음씨가 아닐 수 없다.

효자가 그리운 시대입니다. 효자는 저절로 되는 것이 아니라 다듬어지는 것이라고 봅니다. 부모가 부모님을 섬기는 모습을 보아가면서 효를 행하는 방법을 몸소 느끼면서 효자는 만들어 지는 것이라 봅니다. 가정의 화목, 생에 가장 소중하고 의미깊은 것이죠.

나를 일깨운 어록들

To marry is to halve your rights and double your duties.
결혼을 한다는 것은 당신의 권리를 반감시키고, 의무를 배가시키는 것이다.
-Arthur Schopenhaur(아더 쇼펜하우어, 독일 철학자, 1788-1860)-

He makes no friend who never made a foe.
원수를 만들어보지 않은 사람은, 친구도 사귀지 않는다.
-Alfred, Lord Tennyson(알프레드 테니슨 경, 시인, 1809-92)-

Common sense is the collection of prejudices acquired by age 18.
상식은 18세 때까지 후천적으로 얻은, 편견의 집합이다.
-Albert Einstein(앨버트 아인슈타인, 미국 물리학자, 1879-1955)-

Nothing is more despicable than respect based on fear.
두려움 때문에 갖는 존경심만큼, 비열한 것은 없다.
-Albert Camus(알베르 카뮈, 프랑스 작가, 1913-1960)-

It is only with the heart that one can see rightly; what is essential is invisible to the eye.
사람은 오로지 가슴으로만 올바로 볼 수 있다. 본질적인 것은 눈에 보이지 않는다.

Love does not consist in gazing at each other, but in looking together in the same direction.
사랑은 두 사람이 마주 쳐다보는 것이 아니라; 함께 같은 방향을 바라보는 것이다.
-Antoine de Saint-Exupey(앙뜨완느 드 쌩떽쥐베리, 프랑스 작가/비행가, 1900-1944)-

Business? It's quite simple. It's other people's money.
사업? 그건 아주 간단하다. 다른 사람들의 돈이다.
-Alexandre Dumas(알렉산드르 듀마)-

I would as soon leave my son a curse as the almighty dollar.
아들에게 돈을 물려주는 것은, 저주를 하는 것이나 다름없다.
-Andrew Carnegie(앤드류 카네기)-

A hungry man is not a free man.
배고픈 사람은 자유로운 사람이 아니다.
-Adlai Stevenson(아들라이 스티븐슨, 미국 정치가, 1900-1965)-

To know is nothing at all; to imagine is everything.
안다는 것은 전혀 중요하지 않다; 상상하는 것이 가장 중요하다.
-Anatole France(아나톨 프랑스, 작가, 1844-1924)-

Truth is generally the best vindication against slander.
일반적으로 진실이 중상모략에 대한 최선의 해명이다.
-Abraham Lincoln(에이브러햄 링컨, 미국 대통령, 1809-1865)-

One man with courage makes a majority.
용기있는 한 사람이 다수의 힘을 갖는다.
-Andrew Jackson(앤드류 잭슨, 대통령, 1767-1845)-

Since a politician never believes what he says, he is surprised when others believe him.
정치가는 자신이 한 말을 믿지 않기 때문에, 다른 사람들이 자신을 믿으면 놀랜다.
-Charles de Gaulle(샤를르 드골, 프랑스 정치가, 1890-1970)-

Freedom is a system based on courage.
자유는 용기에 근거를 둔 제도이다.
-Charles Peguy(샤를르 페기, 사상가/시인, 1873-1914)-

You can learn a little from victory; you can learn everything from defeat.
승리하면 조금 배울 수 있고 패배하면 더 많은 것을 배울 수 있다.
-Christy Mathewson(크리스티 매튜슨, 미국 야구스타, 1880-1925)-

In the country of the blind, the one-eyed man is king.
맹인들의 나라에서는 애꾸가 왕이다.
-Desiderius Erasmus(데시데리우스 에라스무스, 네덜란드 인문주의자, 1466-1536)-

Old soldiers never die; They just fade away.
노병은 죽지 않는다. 다만 사라질 뿐이다.
-Douglas MacArthur(더글라스 맥아더)-

If you want to be happy for a year, plant a garden; if you want to be happy for life, plant a tree.
1년 간의 행복을 위해서는 정원을 가꾸고, 평생의 행복을 원한다면 나무를 심어라.
-English Proverb(영국 속담)-

The winds and waves are always on the side of the ablest navigators.
바람과 파도는 항상 가장 유능한 항해자의 편에 선다.
-Edward Gibbon(에드워드 기본, 영국 역사가, 1737-94)-

Democracy is the recurrent suspicion that more than half of the people are right more than half of the time.
민주주의는 반수 이상의 사람들이 반수 이상의 경우에 옳다는 것에 대해 반복되는 의혹이다.

-E.B. White(E.B. 화이트, 미국 작가, 1899-1985)-

First you take a drink, then the drink takes a drink, then the drink takes you.
처음에는 네가 술을 마시고, 다음에는 술이 술을 마시고, 다음에는 술이 너를 마신다.

-F. Scott Fitzgerald(F. 소코트 피츠제랄드, 미국 작가, 1896-1940)-

Who controls the past controls the future. Who controls the present controls the past.
과거를 지배하는 자가 미래를 지배하며 현재를 지배하는 자가 과거를 지배한다.

-George Orwell(조지 오웰, 영국 작가, 1903-50)-

Although the world is full of suffering, it is full also of the overcoming of it.
세상은 고통으로 가득하지만, 한편 그것을 이겨내는 일로도 가득차 있다.

-Helen Keller(헬렌 켈러, 작가/연사, 1880-1968)-

He who does not hope to win has already lost.
승리를 바라지 않는다면, 이미 패배한 것이다.

-Jose Joaquin Olmedo(에콰도르의 정치인)-

The hardest work is to go idle.
가장 하기 힘든 일은 아무 일도 안하는 것이다.

-Jewish proverb(유대인 격언)-

The richest peach is highest on the tree.
제일 잘 익은 복숭아는 제일 높은 가지에 달려 있다.
-James Whitcomb Riley(제임스 휘트컴 라일리, 미국 시인, 1849-1916)-

Liberty without learning is always in peril and learning without liberty is always in vain.
배움이 없는 자유는 언제나 위험하며 자유가 없는 배움은 언제나 헛된 일이다.
-John F. Kennedy(존 F. 케네디, 미국 대통령, 1917-1963)-

Ask not what your country can do for you; ask what you can do for your country.
국가가 당신을 위해 무엇을 할 수 있는지 묻지 말고 당신이 국가를 위해 무엇을 할 수 있는지 물어보라.
-John F. Kennedy(존 F. 케네디)-

집이 대들보에 의지해 지탱이 되듯이 삶도 험난한 세상에서 바로 중심을 잡고 일어서려면 마음을 다잡아 주는 좋은 말이 필요하죠. 힌 번쯤 지댕해 줄 어록을 정리해 지갑속에 넣고 다니며 수시로 마음을 일깨우는 작업이 필요하리라 봅니다.

부모노릇

우리자란 그시절엔 어찌그리 가난했나
거적대기 단칸방에 호롱켜고 가갸거겨
뒤축나간 고무신에 삼동되도 단벌홑옷
검정적삼 소매끝은 콧물칠로 윤이낫지
방앗간의 밀기울도 한번얻기 별따기요
나물죽에 수수개떡 보리밥은 성찬이지
두어마리 멸치넣은 된장찌개 휘적이다
덜풀어진 장덩어리 고기인줄 훔쳤었지

못배우신 우리부모 밑천이란 한몸뚱이
뼈마디가 빠지도록 죽자살자 날뛰셔도
찌든가난 다못벗고 한평생을 마치셨지
학비제때 못낸자식 정학맞기 고정행사
수양딸로 보낸여식 식모살이 사발농사
가난함이 원수라고 애간장만 끓이셨지
세대차이 당신손자 이해하기 곤란한듯
밥없으면 피자먹고 돈없으면 알바하지

가난물림 안하려고 분골쇄신 땀흘렸고

생계쪼개 과외하며 고등교육 시킨자식
부모노릇 철철넘쳐 부족한것 거의없고
쓰는것이 미덕이란 상상못한 세상되니
인터넷에 핸드폰에 오만잡설 노닥이며
제부모는 수구꼴통 막가파가 부모노릇
자식위한 부모노릇 예나지금 같을건데
구천세계 역대부모 어떤말씀 하렵니까

참 의미심장한 세태 풍자 글입니다. 정말 앞 세대는 그렇게 힘들게 살았습니다. 요즘 세대는 영리하고 지식이 많은 세대이지요. 앞 세대는 빵(양식)이 없으면 죽음을 생각해야 되는 시대였지요. 아마 신세대는 빵 없으면 과자 먹지 하는 사고를 가질 수 있는 풍요로움 속에 살고 있죠. 세대간의 소통과 배려가 더욱 절실한 시기입니다.

부모은중경(父母恩重經)

석가모니께서는 진리의 삶이란 부모를 잘 섬기고 처자를 사랑하고 보호하며 자신의 직업에 충실하는 평범한 가운데 있다고 말씀하셨다. 그 중에서도 부모에 대한 효도는 세상이 아무리 변해도 변해서는 안될 인간의 근본 윤리라 할 수 있다.

1. 아이를 잉태하여 지키고 보호해 주신 은혜를 노래하노라.
여러 겁 거듭하여 온 깊은 인연으로
금생에 다시 와서 모태에 들었네.
날 지나고 달이 지나서 오장이 생겨나고
여섯 달이 되어서 육정이 열렸네.
한 몸뚱이가 무겁기는 산악과 한 가지요.
가고 서는 몸놀림에 바람과 재앙 조심하며
좋고 좋은 비단옷 모두 다 입지 않고
매일 단장하던 거울에는 티끌만 묻었네.

2. 아이를 낳으실 때 수고하신 은혜를 노래하노라.
아이를 배어 열 달 지나
어려운 해산 날이 다가오면

아침마다 흡사 중병 든 사람같고

나날이 정신마저 흐려지고

두렵고 겁난 마음 어이 다하리

근심 짓는 눈물은 흉금을 채우고

슬픈 빛을 띠우고 주위에 하는 말

이러다가 죽지 않나 겁이 나네.

3. 자식을 낳고 모든 근심을 잊어버리신 은혜를 노래하노라.

자비로운 어머니 그대 낳은 날

오장이 모두 열려 벌어진 듯

몸과 마음이 함께 까무러쳤고

피를 흘려놓은 것이 양을 잡은 듯 하네.

낳은 아이 건강하다는 말 듣고

그 환희가 배로 늘었네.

기쁨이 가라앉자 다시 슬픔이 오고

아픔이 심장까지 미치네.

4. 쓴 것은 삼키시고 단 것은 뱉아 먹이시는 은혜를 노래하노라.

무겁고도 깊으신 부모님 은혜

베푸시고 사랑하심 한 때도 변치 않고

단 것은 다 뱉으시니 잡수실 것 무엇이며

쓴 것만을 삼키셔도 싫어함이 없으시네.

사랑이 무거우니 정을 참기 어렵고

은혜가 깊으니 슬픔만 더하도다

다만 어린 자식 배 부르기만 바라시고

자비하신 어머니 굶주려도 만족하시네.

5. 마른 자리 아이 누이시고 젖은 자리 누우시는

어머니 은혜를 노래하노라.

어머니 당신은 젖은 자리 누우시고

아이는 안아서 마른 자리 누이시네.

두 젖으로는 목마름을 채워 주시고

고운 옷 소매로는 찬 바람 막아 주시네.

아이 걱정에 밤잠을 설치셔도

아이 재롱으로 기쁨을 다하시네.

오직 하나 아이를 편하게 하시고 자비하신

어머니 불편도 마다 않으시네.

6. 젖을 먹여 길러주신 은혜를 노래하노라.

어머니의 깊은 은혜 땅과도 같고

아버지의 높은 은혜 하늘과 같네.

깊은 마음 땅과 같고, 높은 마음 하늘 같아

어머니 마음 그러하고, 아버지 마음 그러하네.

두 눈이 없다 해도 좋아하는 마음 끝이 없고

손발이 불구라 해도 귀여워 하시네.

내 몸 속에서 키워 낳으신 까닭에

온 종일 아끼시며 사랑하시네.

7. 깨끗하지 못한 것을 씻어 주신 은혜를 노래하노라.

아아, 아름답던 옛 얼굴

아리따운 그 모습 소담하신 몸매,

푸른 눈썹은 버들빛을 가른 듯,

붉은 두 뺨은 연꽃빛을 안은 듯,

은혜가 더할수록 그 모습은 여위었고

더러움 씻기다 보니 이마에 주름만 느네.

아아! , 아들 딸 생각하는 가없는 노고

어머니의 얼굴이 저리 변하였네.

8. 자식이 멀리 나갔을 때 걱정하시는 은혜를 노래하노라.

죽어서 이별이야 말할 것도 없고

살아서 생이별 또한 고통스러운 것.

자식이 집 떠나 멀리 나가면

어머니의 마음 또한 타향에 가 있네.

낮이나 밤이나 자식 뒤좇는 마음

흐르는 눈물은 천 갈래 만 갈래

새끼를 사랑하는 어미 원숭이 울음처럼

자식 생각에 애간장이 녹아나네.

9. 자식을 위한 마음으로 나쁜 업을 행하시는 은혜를 노래하노라.

아버지 어머니 은혜 강산같이 소중하나 갚고 갚아도 갚기 어려워라.

자식의 괴로움 대신 받기 원하시고

자식이 고단하면 어머니 마음 편치 않네.

자식이 먼 길 떠난다는 말 들으시면
가는 길 밤 추위 걱정하시네.
아들 딸의 잠깐 고생도
어머니는 오래도록 마음 졸이네.

10. 끝없는 자식사랑으로 애태우시는 은혜를 노래하노라.
깊고 무거운 부모님의 크신 은혜
베푸신 큰 사랑 잠시도 그칠 새 없네.
앉으나 일어서나 마음을 놓지 않고
멀거나 가깝거나 항상 함께 하시네.
어버이 연세 백 세가 되어도
팔십된 자식을 항상 걱정하시네.
부모님의 이 사랑 언제 끊어지리이까.
이 목숨 다할 때까지 바치오리.

이 우주 천지에 형상지음 없이 떠돌던 자신이 형상을 지어 이 땅에 오게된 인연의 깊은자리에는 부모님이 계신다. 누구나 자신의 몫을 타인에게 잘 주려고 하지 않는다. 그러나 부모님만은 자신의 모든 것을 한평생 자식만을 위해 나 바친다. 이 숭고함은 어디에서 연유한 것인가? 알 수 없는 깊은 사랑 살아있는 동안 갚아도 갚아도 갚을 수 없는 은혜. 세월은 짧고 그 사랑 끝이 없네.

불량자녀 만드는 법의 역설적 교훈

미국 휴스턴 경찰서가 제정한 (불량자녀 만드는 법)의 역설적 교훈 속에 어린이 날 뜻을 한번 짚어 보자.

1. 어려서부터 갖고 싶어하는 것은 무엇이든지 다 주어라.
그 아이는 세상 모든 것이 자기 것이 될 수 있다고 오판하면서 자랄 것이다.

2. 치우지 않는 책, 옷 신발은 모두 정리 해주어라.
어떤 일을 저질러 놓고 남에게 미뤄버리는데 선수가 될 것이다.

3. 아이들 앞에서 부부가 자주 싸워라.
다음에 가정과 직장이 깨져도 눈 하나 깜짝 안할 것이다.

4. 이웃과 선생님 혹은 어른에게 불평할 때 아이 편이 되어주라.
건전한 사회가 모두 그 아이의 적이 될 것이다.

자주성이 있는 사람은 모든 일에 책임과 의무를 다 하는 법이죠. 명검이 열탕과 냉탕을 오가며 제련되듯이 자식교육 정만으로 되는 것이 아니죠. 따뜻함과 냉엄함이 바른 자식을 만드는 법이죠.

석차는 68/68 꼴찌

나의 고향은 경남 산청이다.지금도 비교적 가난한 곳이다. 그러나 아버지는 가정형편도 안되고 머리도 안되는 나를 대구로 유학을 보냈다. 대구중학교를 다녔는데 공부가 하기 싫었다. 1학년 8반, 석차는 68/68, 꼴찌를 했다. 부끄러운 성적표를 가지고 고향에 가는 어린 마음에도 그 성적을 내밀 자신이 없었다. 당신이 교육을 받지 못한 한을 자식을 통해 풀고자 했는데, 꼴찌라니...

끼니를 제대로 잇지 못하는 소작농을 하면서도 아들을 중학교에 보낼 생각을 한 아버지를 떠올리면 그냥 있을 수가 없었다. 그래서 잉크로 기록된 성적표를 1/68로 고쳐 아버지께 보여드렸다. 아버지는 보통학교도 다니지 않았으므로 내가 1등으로 고친 성적표를 알아차리지 못할 것으로 생각했다. 대구로 유학한 아들이 집으로 왔으니 친지들이 몰려와 "찬석이는 공부를 잘 했더냐?"고 물었다. 아버지는, "앞으로 봐야제.. 이번에는 어쩌다 1등을 했는가배.." 했다. "명순(아버지)이는 자식 하나는 잘뒀어. 1등을 했으면 책거리를 해야제~" 했다.

당시 우리집은 동네에서 가장 가난한 살림이었다. 이튿날 강에서 멱을 감고 돌아오니, 아버지는 한 마리뿐인 돼지를 잡아 동네 사람들을 모아 놓고 잔치를 하고 있었다. 그 돼지는 우리집 재산목록 1호였다. 기가 막힌 일이 벌어진 것이다. "아부지..." 하고 불렀지만 다음 말을 할 수가 없었다. 그리고 달려 나갔다. 그 뒤로 나를 부르는 소리가 들렸다. 겁이 난 나는 강으로 가 죽어버리고 싶은 마음에 물속에서 숨을 안 쉬고 버티기도 했고, 주먹으로 내 머리를 내리치기도 했다.
충격적인 그 사건 이후 나는 달라졌다.

항상 그 일이 머리에 맴돌고 있었기 때문이다. 그로부터 17년 후 나는 대학교수가 되었다. 그리고 나의 아들이 중학교에 입학했을 때. 그러니까 내 나이 45세가 되던 어느 날, 부모님 앞에 33년 전의 일을 사과하기 위해 "어무이.. 저 중학교 1학년 때 1등은 요..." 하고 말을 시작하려고 하는데.. 옆에서 담배를 피우시던 아버지께서 "알고 있었다. 그만해라. 민우(손자)가 듣는다." 고 하셨다.
자식의 위조한 성적을 알고도, 재산목록 1호인 돼지를 잡아 잔치를 하신 부모님 마음을, 박사이고 교수이고 대학 총장인 나는, 아직도 감히 알 수가 없다.
-전 경북대 총장 박찬석-

농사꾼인 아버지가 가슴 뜨겁게 보여주신 자식에 대한, 자식의 언행에 대한 깊은 신뢰. 사람은 느낀 만큼 세상을 보게 되고 살게 되는 것이죠.

아들을 위한 기도

주여!

내 자식이 약한 때를 알 수 있도록 강하며,

두려움에 직면할 수 있도록 용감하고,

정직한 실패에 대담하며, 승리에 겸손하고 진실케 길러주소서.

행동 대신 바라고만 있게 마시고,

당신을 알며 자기를 앎이

지식의 기초임을 알게 하소서.

그를 평탄, 안전한 길로 보내지 마시고,

곤고한 길에서 직립케 하시며,

거기서 실패자를 동정케 하소서.

내 자신의 마음이 깨끗하고,

목표가 높으며,

남을 주관하려 하기 전에

자신의 제어를 배우게 하시고,

웃기를 배우는 동시에 울기도 잊지 않게 하시며,

장래를 내다보되 과거를 잊지 말게 하시고,

유머를 넉넉히 가져 과히 엄격케 마시옵소서.

참 위대의 단순성을 배우게 하시며,
참 지혜의 말문을 열고,
참 힘의 온유를 깨닫게 하시면,
"그 아비된 저의 생이 헛되지 않았다."
감사 하오리다.

-글러스 맥아더-

유명한 기도 내용이죠. 기저에 흐르는 것은 사랑, 무한 신뢰, 용기, 배려하는 마음으로 한 세상을 살아간다면 자신과 가문의 영광을 실현할 수가 있을 것이라 봅니다.

아버지는 누구인가?

아버지란 기분이 좋을 때 헛기침을 하고
겁이 날 때 너털웃음을 웃는 사람이다.

아버지란 자기가 기대한 만큼 아들, 딸의
학교 성적이 좋지 않을 때 겉으로는, '괜찮아, 괜찮아' 하지만
속으로는 몹시 화가 나는 사람이다.

아버지의 마음은 먹칠을 한 유리로 되어 있다.
그래서 잘 깨지기도 하지만, 속은 잘 보이지 않는다.

아버지란 울 장소가 없기에 슬픈 사람이다.
아버지가 아침 식탁에서 성급하게 일어나서
나가는 장소(그 곳을 직장이라고 한다)는,
즐거운 일만 기다리고 있는 곳은 아니다.

아버지는 머리가 셋 달린 용과 싸우러 나간다.
그것은 피로와, 끝없는 일과, 직장 상사에게서 받는 스트레스다.
아버지란 '내가 아버지 노릇을 제대로 하고 있나?
내가 정말 아버지다운가?' 하는 자책을 날마다 하는 사람이다.

아버지란 자식을 결혼시킬 때 한없이 울면서도
얼굴에는 웃음을 나타내는 사람이다.

아들, 딸이 밤늦게 돌아올 때에 어머니는 열 번 걱정하는
말을 하지만, 아버지는 열 번 현관을 쳐다본다.

아버지의 최고의 자랑은 자식들이 남의 칭찬을 받을 때이다.

아버지가 가장 꺼림칙하게 생각하는 속담이 있다.
그것은 "가장 좋은 교훈은 손수 모범을 보이는 것이다."
라는 속담이다.

아버지는 늘 자식들에게 그럴 듯한 교훈을 하면서도,
실제 자신이 모범을 보이지 못하기 때문에,
이 점에 있어서는 미안하게 생각도 하고
남모르는 콤플렉스도 가지고 있다.

아버지는 이중적인 태도를 곧잘 취한다.
그 이유는 '아들, 딸들이 나를 닮아 주었으면' 하고 생각하면서도,
'나를 닮지 않아 주었으면' 하는 생각을 동시에 하기 때문이다.

아버지에 대한 인상은 나이에 따라 달라진다.
그러나 그대가 지금 몇 살이든지,
아버지에 대한 현재의 생각이 최종적이라고 생각하지 말라.

일반적으로 나이에 따라 변하는 아버지의 인상은,

4세때, 아빠는 무엇이나 할 수 있다.
7세때, 아빠는 아는 것이 정말 많다.

8세때, 아빠와 선생님 중 누가 더 높을까?
12세때, 아빠는 모르는 것이 많다.
14세때, 우리 아버지요? 세대 차이가 나요.
25세때, 아버지를 이해하지만, 기성세대는 갔습니다.
30세때, 아버지의 의견도 일리가 있지요.
40세때, 여보! 우리가 이 일을 결정하기 전에, 아버지의 의견을 들어봅시다.
50세때, 아버님은 훌륭한 분이었어.
60세때, 아버님께서 살아 계셨다면, 꼭 조언을 들었을 텐데...

아버지란 돌아가신 뒤에도,
두고두고 그 말씀이 생각나는 사람이다.
아버지란 돌아가신 후에야 보고 싶은 사람이다.
아버지는 결코 무관심한 사람이 아니다.

아버지가 무관심한 것처럼 보이는 것은,
체면과 자존심과 미안함 같은 것이 어우러져서
그 마음을 쉽게 나타내지 못하기 때문이다.

아버지의 웃음은 어머니의 웃음의 2배쯤 농도가 진하다.
울음은 열 배쯤 될 것이다.
아들, 딸들은 아버지의 수입이 적은 것이나,
아버지의 지위가 높지 못한 것에 대한 불만이 있지만,
아버지는 그런 마음에 속으로만 운다.

아버지는 가정에서 어른인 체를 해야 하지만,
친한 친구나 맘이 통하는 사람을 만나면 소년이 된다.

아버지는 어머니 앞에서는 기도도 안 하지만,
혼자 차를 운전하면서는 큰소리로 기도도 하고

주문을 외기도 하는 사람이다.

어머니의 가슴은 봄과 여름을 왔다갔다 하지만,
아버지의 가슴은 가을과 겨울을 오고간다.

아버지! 뒷동산의 바위 같은 이름이다.
시골마을의 느티나무 같은 크나 큰 이름이다.

아버지는 능력의 차이로 저울질 할 수 없는 존재이다. 아버지는 사계 중 겨울과 같은 존재이다. 한 때 아주 고지식한 아버지에 대한 글이 신문에 크게 실린 적이 있다. 그는 형편이 어려워 학교도 다니지 못하고 막노동을 해서 아이 넷을 길렀다고 한다. 자녀들 생각에 아버지가 가정에서 웃는 모습을 한 번도 본 적이 없다고 한다. 왜 그렇게 하셨는가 하고 기자가 물었다. 자신이 웃으면 자식들이 마음이 해이하게 풀어져 열심히 하지 않을까 봐 그렇게 평생을 사셨다고 한다. 처음엔 참 고지식한 분이네 하는 마음이 일었지만 그분의 생활사를 되짚어 보니 눈물이 핑돌고 가슴이 먹먹해 옴을 느꼈다. 아버지! 당신은 누구신지요?

아버지의 조건

산처럼 힘세고
나무처럼 멋있고
여름햇살처럼 따뜻하고
고요한 바다처럼 침착하고
자연처럼 관대한 영혼을 지녔고
밤처럼 다독일 줄 알고
역사의 지혜 깨닫고
날아오르는 독수리처럼 강하고

봄날 아침처럼 기쁘고
영원한 인내가진 사람
하느님은 이 모든 걸 주시고
더 이상 추가할 게 없을 때
그의 걸작품이 완성되었다는 걸 아셨다.

그래서
하느님은 그를 아버지라 불렀다.

아버지는 겉에서 보면 웅장한 바위산 같아 보인다. 아버지가 되어 안으로 들어와 내게 물었다. 아버지는 물이고 바람이었다

어머니의 칭찬과 신뢰

음악을 좋아하는 가난한 소년이 있었습니다. 어느 날 수업시간에 선생님은 학생들에게 자신의 꿈이 무엇인지 발표해 보라고 했습니다. 그 소년이 꿈을 말했습니다.

"저는 세계적인 성악가가 되겠습니다."

그런데 그 순간 모든 친구들은 비웃었고, 음악 선생님도 냉담한 반응을 보이며 말했습니다.

"네 목소리는 마치 바람에 문풍지가 우는 것 같으니, 다른 길을 찾아 보는 것이 좋을 것 같다."

소년은 절망감을 가득 안은 채 집으로 돌아와서 학교에서 있었던 일을 어머니께 말씀드렸습니다.
어머니는 소년의 머리를 쓰다듬으며 말했습니다.

"네 목소리는 개성이 강하단다. 계속 노력하면 지금보다 훨씬 더 좋은 목소리로 사람들을 감동시킬 거란다. 엄마는 너를 믿어."

소년은 어머니의 격려에 힘입어 열심히 노력했습니다. 그리고 세계적인 테너 가수가 되었습니다.

이 소년이 바로 "엔리코 카루소"입니다. 환경의 어려움이나 사람의 시선은 문제가 되지 않습니다. 어머니의 인격이 바르고 교육이 바르면 아이는 무한한 가능성을 펼칠 수 있습니다.

아이들은 그릇과 같습니다. 어떤 그릇으로 삼느냐는 어머니의 손에 달려 있습니다. 그릇을 함부로 다루면 보잘것없는 사람이 되고 그릇에 좋은 음식과 좋은 빛깔의 음료를 담아주면 그 그릇은 귀하게 대접받는 사람이 됩니다.

어머니의 말 한 마디는 바로 그릇 속에 담는 음식과 같습니다.

어린시절 칭찬과 격려는 사람을 크게 변화시키죠. 언젠가 동료로부터 들은 애기입니다. 초등학교 1학년 미술시간에 아버지 얼굴을 그리라고 해서 빨갛게 그려 놓았더니 선생님이 한 10분간 뺨을 때려서 울기만 하고 말았답니다. 어린시절에 그 충격이 얼마나 컷던지 미술을 포기하고 성악을 하여 음악선생님이 되었답니다. 사실 부친은 지방 음악계에서 내노라하는 오페라 가수 겸 연출자인데 워낙 약주를 좋아해 거의 매일 밤늦게 얼굴이 빨게져서 귀가를 하고 자는 아이를 깨워 인사를 시키고 선물도 주고해서 어린소년은 늘 본 아버지 얼굴을 그렸는데도 담임교사는 물어 보지도 않고 장난친다고 어린소년의 가슴에 평생 못을 박았답니다. 이렇게 어린날 누군가의 영향은 평생을 좌우하게 됩니다.

우리는 아이들에게 무엇인가?

우리는 아이들에게 무엇인가?

청소년 – 그 이름 눈이 시리도록 푸르고 싱싱하고 정의에 불타며, 그리고 그 무엇보다 정직의 표상이 아니던가. 언론을 통해서 연일 터져 나오는 대입 수능시험 부정사건을 접하면서 한 사람의 부모로써 차마 고개를 들지 못하는 자괴감을 느낀다. 청소년들이 바로 이 땅의 꿈이며 미래일진데 누가 이들을 이렇게 만들었단 말인가.

참으로 참담하고 부끄럽다. 그리고 우리의 모든 꿈이 하루아침에 무너지는 것 같은 비통한 심정을 어찌 할 수 없다. 비록 그 숫자는 미미하다 할지라도 이 사건이 전국적인 현상이고 해를 거듭해 대물림 되었다는 것과 학생들을 바르게 이끌어 주어야 할 학원 원장과 심지어 학부모까지 관련되었다는 사실에, 아연실색하지 않을 수 없다.

그럼에도 참회하고 반성하고 책임지는 어른들이 없다는 것이, 더욱 안타깝다. 푸르고 싱싱하게 자라야 할 청소년들이 황사에 뒤덮여 누렇게 병들어 가는 소년이 되어가고 있는 것도 전적으로 우리 부모들, 어른들의 책임이 아닐 수 없다.

어른들의 반성 없이 계속 대물림 되는 부정 속에서 자라난 청소년들이, 이 나라의 주인이 되었을 때 이 사회가 과연 어떤 모습일지 생각만 해도 끔찍하다.

부모들의 비뚤어진 자식 사랑과 잘못된 판단이, 우리 아이들을 정신적으로 병들게 하고 끝내는 아무런 쓸모없는 천박한 인간으로 전락시킨다는 것을 왜 모른단 말인가.

자식을 키우면서 기도하고 눈물을 흘리지 않는 부모가 어디 있겠는가? 어떤 시인은 "어머니는 눈물로 진주를 만드신다."고 했다. 자녀를 키우는 부모들의 간절한 기원은 자식들이 강하고 튼튼하고 정직하게 자라서 올바른 사회인이 되기를 바라는 마음일 것이다.

아이는 부모를 본 받는다.

모든 교육의 시작은 가정에서부터 시작되는 것으로, 우리 부모들의 행동과 처신이 바로 아이들에게는 가장 훌륭한 교과서이고 참고서일 터이다. "윗물이 맑아야 아랫물이 맑다"는 우리의 속담도 있듯이, 부모들이 먼저 정직하고 부끄럼 없이 사는 모습을 보여주어야 아이들이 이를 본받게 된다.

그런 의미에서 이 땅의 부모들은 피눈물의 통곡으로 먼저 반성하고 부끄러워해야 한다. 부모들은 결코 자신의 자식들을 공부벌레가 되도록 내몰거나 경쟁심만 부추겨서도 안되지만, 더욱이 의지박약아로 키워서는 안된다.

정신적으로 나약한 사람은 자신이 없기 때문에 땀 흘려 노력해서 이루려 하지 않고 남에게 의존하고 쉽게 유혹에 빠지기 마련이다. 힘들고 어려운 공부를 한다는 것은 어쩌면 자기 자신과의 싸움이고 인내심의 시험이기도 하다. 우리는 우리의 아이들을 육체적으로나 정신적으로 건강하고 씩씩하게 키워야 한다. 땀 흘려 노력하지 않으면 어떠한 것도 얻을 수 없다는 것과 인내하고 정직하게 노력하는 사람만이 사회에서 제 역할을 할 수 있다는 아주 평범한 진리를 가르치고, 또 스스로 터득 할 수 있도록 해야 한다.

우리 부모들이 명심해야 할 것은, 대학입학은 끝이 아니고 시작일 뿐이라는 점이다. 우리나라 부모들은 어쩐 일인지 유치원에서부터 대학입학 전까지는 극성스러울 정도의 교육열을 보이면서도, 대학 입학만 하면 놀랍게도 그 열기가 사라져 버리고 만다. 차라리 어렸을 때는 취미활동이나 적성개발 등에 중점을 두어 지도하고, 대학생이 되었을 때 공부에 정진하도록 하는 것이, 더욱 바람직한 교육이 아닐까 생각한다.

교육은 직업이 아닌, 열정인 것을

국가를 떠받들고 있는 3가지 기둥이 있다면, 그것은 바로 스승과 부모와 공무원일 것이다. 그 중에서도 스승이란 기둥이 가장 중요하다고 생각한다.

"생명은 부모로부터 받았으나, 보람있는 생을 영위하는 것은 스승에게서 배운다."
"교육은 직업이 아니라 열정이다"
-꿈꾸는 정원사 Chicken soup for teacher's soul-

물론 극히 소수이겠지만, 스승으로서 학생을 지도하는 일을 하나의 직업으로, 또 단지 생계유지를 위해서 지식을 파는 세일즈맨쯤으로 생각하고 있지는 않은지, 학생들이 부모로부터 물려받은 생명을 사회에서 보람있게 사용하는 것은 스승으로부터 배운다고 했는데, 과연 그러한 마음으로 학생을 사랑하고 지도하고 있는 지 자문해 볼 일이다.

청소년기는 우리의 인생에서 스스로의 운명을 결정짓는 가장 중요한 시기이다. 이 시기를 함께 하는 스승의 역할은 아무리 강조해도 지나침이 없을 것이다. 어려운 여건 속에서도 우리의 청소년들을 밝고 푸르게 자라도록 이끌어 주는 진정한 스승은, 얼마나 소중한 존재인가.

아이들은 칭찬을 먹고 자란다는 사실을 모든 선생님들은 기억해 주었으면 한다. 아이들이 칭찬을 먹고 자라는 것은, 칭찬이 가지는 언어의 생명력 때문이다. 칭찬은 아이들에게 자신감과 용기를 갖게 할 뿐만 아니라, 모든 것을 긍정적으로 보게 하는 사랑의 묘약과도 같은 것이다.
사랑이 담긴 관심과 칭찬 속에서 건전하게 자란 청소년들이 많아질 때, 우리의 미래는 저절로 밝아질 것이다.

-장인순-

이 글은 장인순씨가 쓴 글로서 청소년의 앞날을 격려하고 위로하며 앞선 세대에게 충고를 겸해 발표한 것이다.
어린아이들은 무엇으로 자라는가? 양식으로 자라는 것은 몸이지만 마음은 칭찬과 격려를 먹고 자라는 것이다. 누가 그들을 이끌 것인가? 기성세대 특히 부모와 학교 선생님 등이 주축이 되어 그렇게 해야 한다. 한 때 '아낌없이 주는 나무'란 책이 널리 읽힌 적이 있다. 사랑과 격려 그리고 칭찬은 그렇게 되어야 한다.

자식교육 부모 손에

아주 옛날 산골, 찢어지게 가난한 집에 아이가 하나 있었습니다. 아이는 배가 고파 온 종일 우는 게 일이었지요. 아기의 부모는 우는 아이에게 회초리로 울음을 멎게하곤 했습니다. 그러다 보니 아이는 하루에도 몇 번씩 매를 맞을 수밖에....

그날도 부모는 우는 아이에게 매질을 하고 있었습니다. 마침 집 앞을 지나던 노스님이 그 광경을 물끄러미 보다가 불연 무슨 생각이 난듯 집으로 들어와서 매를 맞고 있는 아이에게 넙죽 큰절을 올렸습니다. 이에, 놀란 부모는 스님에게 연유를 묻습니다. "스님! 어찌하여 하찮은 아이에게 큰절을 하는 것입니까." "예... 이 아이는 나중에 만인지상 일인지하(萬人之上 一人之下)인 정승이 되실 분이기 때문입니다. 그러니 곱고 귀하게 키우셔야 합니다."라고 답하고 스님은 홀연히 자리를 떴습니다. 그후로 아이의 부모는 매를 들지 않고 공을 들여 아이를 키웠습니다.

훗날 아이는 정말로 영의정이 되었습니다. 부모님은 그 스님의 안목에 놀라지 않을 수 없었지요. 감사의 말씀도 전할 겸 그 신기한 예지에 대해 물어보고자 스님을 수소문하기 시작했습니다. 우여곡절 끝에 스님을 찾은 부모는 웃음을 띄며 감사의 말을 건내고 바로 궁금했던 점을 묻습니다. "스님, 스님은 어찌 그리도 용하신지요. 스님 외에는 어느 누구도 우리 아이가 정승이 되리라 말하는 사람이 없었거든요." 빙그레 미소를 띄던 노승은 차를 한 잔씩 권하며 말문을 엽니다. "이 돌중이 어찌 미래를 볼 수 있겠습니까....허 허 허. 그러나 세상의 이치는 하나이지요." 이해하려 애쓰는 부모를 주시하며 노승이 다시 말을 있습니다. "모든 사물을 귀하게 보면 한없이 귀하지만, 하찮게 보면 아무 짝에도 쓸모가 없는 법이지요. 마찬가지로 아이를 정승같이 귀하게 키우면 정승이 되지만. 머슴처럼 키우면 머슴이 될 수밖에 없는 것이지요. 이것이 세상의 이치이니 세상을 잘 살고 못사는 것은 마음가짐에 있는 거라 말할 수 있지요."

세상만사 마음먹기에 달렸죠. 참 지혜로운 현자를 만난 복 많은 소년의 얘기가 자녀교육의 방향을 제시해 주는군요. 역대 대통령 중에도 그러한 사람이 있죠.

하버드 대학 도서관에 쓰인 경구들

1. 지금 잠을 자면 꿈을 꾸지만, 지금 공부하면 꿈을 이룬다.

2. 내가 헛되이 보낸 오늘은 어제 죽은 이가 갈망하던 내일이다.

3. 늦었다고 생각했을 때가, 가장 빠른 때이다.

4. 오늘 할 일을, 내일로 미루지 마라.

5. 공부할 때의 고통은 잠깐이지만, 못 배운 고통은 평생이다.

6. 공부는 시간이 부족한 것이 아니라, 노력이 부족한 것이다.

7. 행복은 성적순이 아닐지 몰라도, 성공은 성적순이다.

8. 공부가 인생의 전부는 아니다. 그러나 인생의 전부도 아닌 공부 하나도 정복하지 못한다면 과연 무슨 일을 할 수 있겠는가?

9\. 피할 수 없는, 고통은 즐겨라.

10\. 남보다 더 일찍 더 부지런히 노력해야, 성공을 맛 볼 수 있다.

11\. 성공은 아무나 하는 것이 아니다. 철저한 자기 관리와 노력에서 비롯된다.

12\. 시간은 간다.

13\. 지금 흘린 침은, 내일 흘릴 눈물이 된다.

14\. 개같이 공부해서, 정승같이 놀자.

15\. 오늘 걷지 않으면, 내일 뛰어야 한다.

16\. 미래에 투자하는 사람은, 현실에 충실한 사람이다.

17\. 학벌이 돈이다.

18\. 오늘 보낸 하루는, 내일 다시 돌아오지 않는다.

19\. 지금 이 순간에도 적들의 책장은 넘어가고 있다.

20\. No pains No gains 고통이 없으면 얻는 것도 없다.

21\. 꿈이 바로 앞에 있는데, 당신은 왜 팔을 뻗지 않는가?

22. 눈이 감기는가? 그럼 미래를 향한 눈도 감긴다.

23. 졸지 말고 자라.

24. 성적은 투자한 시간의 절대량에 비례한다.

25. 가장 위대한 일은, 남들이 자고 있을 때 이뤄진다.

26. 지금 헛되이 보내는 이 시간이, 시험을 코앞에 둔 시점에서 얼마나 절실하게 느껴지겠는가?

27. 불가능이란 노력하지 않는 자의 변명이다.

28. 노력의 대가는 이유 없이 사라지지 않는다.

29. 한 시간 더 공부하면 남편(아내) 얼굴이 바뀐다.

참으로 해학적이면서도 촌철살인의 금언을 말하고 있네요. 인생은 돌아가면 절대 주인이 될 수가 없죠. 맞닥드린 일은 정공법이 최선이듯이 삶에서 매 순간 마다 해야 할 일을 돌아가면 어느날 결정할 때가 와도 습관적으로 우회할려고 하는 버릇이 나오게 되죠. 가장 지성적 집단의 학생들이 지혜까지 갖추고 있는 모습이 참 부럽네요.

혼자 사는 힘을 키우자

남이 나를 인정해 주기를 기대하지 말자.
무엇인가 도와주리라 크게 기대하지 말자.
무슨 일이든 자기 힘으로 하자.
힘이 있는 한 취미 생활은 하늘이 준 축복이다.
힘이 있을 때 보다 더 많이 활동하자.

우리는 시간이 있으니 꾸준히 운동하자.
조급하지 말고, 미루지 말고, 과로하지 말자.
체력, 기억력이 왕성하다고 뽐내지 말자.
자고 일어남을 내 나름의 습관(일정하게)으로 만들자.

나의 괴로움이 크다고 생각하지 말자.
편한 것 찾지 말고 외로움을 만들지 말자.
나이 들었다고 소홀이 대하더라도 화내지 말자.

자손들이 섭섭하게 하더라도 심각하게 받아들이지 말자.
친구가 먼저 가더라도 지나치게 슬퍼하지 말자.
무료함을 이기려면 취미생활과 신앙생활을 하자.

말도 가려서 하자.

모든 일에 감사하는 마음을 갖자.
마음에 없는 인사는 하지 말자.
칭찬하는 것도 지나치게 하지 말자.
가까움이 없으면 충고하지 않는 것이 좋다.

남의 생활에 참견 말자.

몸에 좋다고 아무 약이나 먹지 말고 남에게 권하지 말자.
생각을 정확히 말하고, 겉과 속이 다른 표현을 하지 말자.
어떤 상황에도 남을 헐뜯지 말자.

함께 사는 가족을 칭찬하며 살자.
함께 사는 식구를 늘 사랑하고 특히 며느리에게 칭찬을 하며 살자.
가끔 들리는 딸들을 잘 관리 하자. 할 수 없는 일은 시작하지 말자.
이제 내 주위를 간소하게 정리하며.
복잡함은 털어 버리고 단순하며 편리하게 살아가자
후덕한 나이든 이가 되자.

즐겁게 살되 배려와 베품으로 살아가자 受恩不望 施惠無念하자
(받은 은혜는 잊지 말고 베푼 은혜는 잊고 살자)
필요한 일은 직업인을 쓰자 = 자손 보다 낫다.
집을 나설 때는 항상 다짐하자.
젊은 사람 모임에 기웃거리지 말자.
여행을 떠나면 여행지에서 큰 기쁨을 찾자.

손님이 오거나 대청소를 할 때 자리를 피해주자.
음식은 소식하자.

방문을 자주 열어 환기를 시키자.
복장은 밝게 용모는 단정하게 하자.
특히, 치아관리 (구취)에 신경 쓰자.

이웃을 사랑 하자.
나이 듦을 자연스럽게 받아드리자.
생의 마감도 순리로 받아드리며 살자.
품위와 너그러움 관용으로 떳떳하게
어깨 펴며 주위를 품으면서 살아가자.

늘 감사하자.
자연의 섭리에 감사하며 늘 나의 부족함을 메워가면서
화평하며 강건하기를 기원하면서 기쁘고 기쁘게 살아가자.

나이가 들어 세상을 관조할 줄 아는 마음의 눈을 가진 인생 대선배님들이 평생을 살아 보시고 경험과 체험 속에서 우러나온 금과옥조의 말씀을 전하는군요. 살아보면 명쾌하고 단순한 것이 최고이죠. 주어진 환경에 감사하며 기도하는 마음으로 여생을 보낸다면 행복한 삶을 살았다고 말할 수가 있겠죠.

효도를 실천하기 위한 조목

1. 부모님의 연세, 고향, 일가친척, 건강상태, 좋아하시는 일과 음식 등에 대해서 자세하게 알고 있어야 한다. 연세가 드는 것은 기쁘면서도 슬픈 일이다.

2. 잠자리에 들거나 일어난 뒤에는 반드시 문안 인사를 드리도록 노력한다.

3. 외출을 할 때는 행선지와 귀가 예정 시간을 말씀드리고, 돌아와서는 얼굴을 뵙고 인사를 드린다.

4. 외출한 후 예정보다 귀가 시간이 늦어질 경우에는 반드시 부모님께 연락을 드려야 한다. 그렇지 않으면 부모님께서 걱정하신다.

5. 부모님께서 출입하실 때는 반드시 일어나서 문밖까지 나가서 배웅하고 맞이한다.

6. 식사할 때는 부모님보다 먼저 시작하지 않으며, 부모님께서 식사를 마칠 때까지 자리를 뜨지 않는다.

7. 중요한 일은 항상 부모님과 의논하여 결정하도록 하며, 늘 함께 대화하는 습관을 기른다.

8. 부모님 앞에서는 항상 얼굴빛을 온화하게 하며, 결코 형제간에 다투는 일이 없도록 한다.

9. 늘 부모님 곁에서 있도록 노력하며, 떠나 있게 될 경우에도 자주 소식을 전하고 찾아뵙도록 한다.

10. 작더라도 부모님께 늘 감사의 마음을 표시하도록 노력하며, 부모님의 일을 거들어 드린다.

11. 부모님의 의견을 존중하고 따르되, 의견이 서로 다를 때에는 부드럽고 간곡하게 자신의 의견을 말씀드린다.

12. 부모님께서 부르시면 즉시 큰 소리로 대답하고 달려가 뵙도록 한다.

13. 부모님께서 편찮으시면 정성껏 간호하고, 병환이 깊어지기 전에 병원으로 모셔서 진찰을 받고 치유하도록 해야 한다.

효는 사람이 행하는 가장 기본적인 것이며 자신이 또 자식으로부터 대물림하는 인류가 존속하는 한 변함없는 것이죠. 효의 중심에는 자신이 있는 거죠.

성공하는 사람들의 5가지 습관

첫째,

걸음걸이가 빠르다.

걸음걸이가 빠른것은

성취욕과 부지런함을 보여주는것이다.

둘째,

앞자리에 앉거나 앞쪽에 선다.

앞자리에 앉는것은

적극적이고, 진취적이고..

뒷자리에 앉는것은

소극적이고 방관적이라는것이다.

셋째,

시선을 집중시킨다.

강의 시간이나 대화할 때

상대방의 눈을 바라보고

시선을 집중 시키는 사람은

자기분야에 집중력이 강하고

학업성적이 월등하게 앞설 가능성이 높다.

넷째,

항상 웃음띤 얼굴이다.

웃음은 좋은 인간관계를 맺게 해준다.

다섯 째,

모든 일에 긍정적으로 생각하고 표현한다

고통당할 때 낙심하거나

누구를 원망하는 사람은 발전이 없다.

-골드 교수(미국 남가주대 심리학과)의 회고록 중에서-

성공이란 남다른 노력과 진취적인 기상의 산물이 아닐까요. 일찍 일어나는 새가 벌레 한 마리라도 더, 잡고 높이 날아오르는 새가 더 멀리 본다는 말이 생각납니다.

네번째 이야기 | 노년

100세까지 사는 10가지 팁

많은 국내외 의사들이 고령화시대에 100세까지 장수하는 법을 많이 이야기 하곤 한다. 미국 월간지 유에스 뉴스 앤 월드 리포트(U.S.News & World Report)가 10월호도 같은 주제를 다뤘다. 100세까지 사는 10가지 팁(tip)이란 주제인데, 이 잡지가 소개하는 10가지 비법을 소개해본다.

1. 일을 그만두지 마라.

불가피하게 현업에서 은퇴하더라도 꾸준히 일을 해야한다. 직장에서 정년퇴임한 뒤에도 작은 농장에서 일하거나 채소나 과일을 경작하는 것도 하나의 방법이다. 농사일이 적성에 맞지 않는다고?

그렇다면 다른 방법이 있다. 박물관이나 초등학교 같은 곳에서 자원봉사를 해보라.

2. 매일 치간 칫솔 사용을 습관화하라.

잇몸병을 일으키는 구강내 박테리아의 감소를 돕는다. 이들 박테리아는 심장병의 원인이 될 수 있기 때문에 치간 칫솔을 사용해 청결하게 하는 것이 요구르트나 등산보다도 더 중요하다.

3. 운동은 당연 필수다.

운동은 차량의 윤활유 같은 것이다. 윤활유가 어떤 존재인가. 뭐 굳이 자주 칠해주지 않아도 되지만, 공급해주면 차는 분명히 더 잘 달릴 것이다. 장수에 있어 운동도 마찬가지다. 운동은 신체의 활력 뿐 아니라, 정신적 안정 등에도 큰 도움을 준다.

4. 섬유질이 풍부한 음식으로 아침식사를 하라.

아침에 섭취하는 섬유질 곡물의 중요성은 더 말할 필요가 없겠다. 굳이 얘기하자면 노화를 촉진시키는 당뇨병을 막는 데 너무 너무 중요하다.

5. 하루에 최소 6시간은 자야한다.

잠에 절대로 인색하지 말라. 수면은 신체의 조절능력을 향상시키고 세포를 치료하는 가장 중요한 기능 중 하나다. 하루에 적어도 6시간은 잘 수 있도록 하는데 모든 생활의 주안점을 두라.

6. 간식을 피하라.

간식은 모든 병의 근원이 되기도 한다. 제 때 식사하고 간식을 금하는 것이 중요하다. 특히 영양소가 없는 흰색 음식물, 즉 빵과 밀가루, 설탕은 아예 피하는 것이 좋다.

7. 할 수 있는 한 스트레스를 없애라.

스트레스는 곧 신경과민으로 연결된다. 자주 웃고 근심을 떨쳐버려라.

8. 습관의 동물이 되라.

나이가 들면 들수록 생리기능은 약해질 수밖에 없다. 따라서 잠자는 시간을 놓치거나 하면 노화는 촉진된다. 규칙적인 생활을 해야만 오래 살 수 있다.

9. 피해야 할건 철저히 피하라.

두말하면 잔소리. 지나친 알코올, 흡연, 단 것의 섭취 등이다.

10. 접촉을 유지하라.

나이를 먹는다고 해서 친구들과 사랑하는 이들로부터 멀어지면 안된다. 오히려 강한 유대를 갖는 것이 장수에 필수적이다.

오래사는 방법은 매사에 일할 꺼리와 관심을 지니고 적절한 운동과 알맞은 식사, 그리고 충분한 수면과 휴식, 편안한 마음자세라고 말 합니다.

나이들어서야 늦게 깨닫게 되는 진실

첫 번째 진실.

이 세상에 진실로 부터 도망칠 수 있는 사람은 없다. 살면서 때로는 피하고 싶은 진실과 맞닥뜨려야 할 때가 있다. 그냥 모른 채 살면 좋겠지만 진실은 너무 끈질겨서 우리 발목을 잡고 놓아주지 않는다.

두 번째 진실.

비상한 용기 없이는 불행의 늪을 건널 수 없다. 누구나 불행을 피해갈 수는 없지만, 그렇다고 이겨내지 못할 불행도 없다. 세상에 대한 원망과 자기연민을 이겨낼 용기만 있다면 우리는 모든 고통으로부터 구원받을 수 있다.

세 번째 진실.

가장 견고한 감옥은 우리 스스로 만드는 것이다. 어떤 일을 망치는 가장 큰 원인은 두려움이다. 이 두려움이 갖가지 변명거리를 만들어내며 우리를 뒷걸음치게 만든다. 그리고 이 두려움은 누가 우리에게 준 것이 아니라 우리 스스로 만들어낸 것이다.

네 번째 진실.

완벽주의가 좋은 인간성을 의미하지는 않는다. 일에서는 완벽주의가 빛을 발할 수 있지만 인간관계에서는 오히려 해가 된다. 그래서 완벽주의자는 함께 일하는 동료로서는 좋지만 친구로서는 꺼려지는 법이다.

다섯 번째 진실.

사랑은 인생에 처방하는 가장 강력한 진통제다. 고통으로 가득 찬 이 세상을 순간 살아볼 만한 곳으로 만들어주는 신비로운 존재가 바로 사랑이다. 인간이 견뎌야 할 모든 시련에 대한 보상으로 주어지는 것도 바로 사랑이다.

여섯 번째 진실.

좋은 일이 일어나는 데에는 시간과 인내가 필요하다. 나쁜 일에 빠져드는 데에는 시간이 걸리지 않지만 거기에서 벗어나는 데에는 상당한 인내가 필요하다. 좋은 것일수록 그것을 얻는 데에는 긴 시간이 필요한 법이다.

일곱 번째 진실.

방황하는 영혼이라고 해서 모든 길을 잃은 것이 아니다. 인생에는 미쳐 다 가볼 수 없는 여러 갈래길이 있다. 그 여러 갈래길 사이에서 잠시 이탈하거나 행로를 변경하는 것은 방황이 아니라 오히려 행복한 모험일 수 있다.

여덟 번째 진실.

같은 행동을 반복하면서 다른 결과를 기대할 수는 없다. 우리는 너무나 많은 것을 체념하며 살고 있다. 하지만 희망이 없는 사람은 변화를 꾀할 수 없다. 불행하다고 느낀다면 지금과는 다른 방식으로 살아보려는 노력이 필요하다.

아홉 번째 진실.

만일 지도가 지형과 다르다면 지도가 잘못된 것이다. 우리는 많은 것을 시행착오를 겪은 뒤에야 깨닫게 된다. 이 깨달음이 모여 인생의 지도를 만들어 나간다.

결국 인생이란 지금 발을 딛고 있는 현실에 맞게 머릿속의 지도를 수정해 나가는 과정이다.

열 번째 진실.

나에게 일어난 일의 대부분은 나에게 책임이 있다. 사람은 자신의 고통을 다른 사람이나 외부 환경 탓으로 돌리려고 한다. 하지만 자신을 고통에 빠뜨리는 것도 그 속에서 구해내는 것도 결국은 자기 자신임을 알아야 한다.

열한 번째 진실.

열 번의 변명을 하느니 한 번의 모험을 하는 것이 낫다. 새로운 일에 도전하면서 왜 그 일을 할 수 없는가에 대한 변명거리만 준비하는 사람이 있는가 하면 스스로 그 일을 하지 못할 이유가 없다는 모험심으로 출발하는 사람도 있다.

열두 번째 진실.

인생의 마지막 의무는 아름다운 노년을 준비하는 것이다. 외로운 노년을 자식에게 기대려는 것은 더 이상 환영 받지 못한다. 노년의 상실감을 품위와 의지로 견뎌내는 것이야말로 우리가 마지막으로 용감해질 수 있는 기회다.

열세 번째 진실.

세상에 실망할 수는 있지만 심각하게 살 필요는 없다. 온갖 부조리와 절망 속에서도 희망을 발견하고 사랑하며 살아가는 것 어떤 상황에서도 웃을 수 있는 용기를 발휘하는 것이야말로 인간의 가장 위대한 능력이다.

열네 번째 진실.

시련에 대처하는 방식이 삶의 모습을 결정한다. 우리는 대부분의 상황을 자유의지대로 선택할 수 있다. 시련에 대처하는 방식에 있어서도 마찬가지다. 시련을 대처하는 여러 방식 중에서 어떤 것을 선택하느냐에 따라 우리의 인생은 달라질 수밖에 없다.

열다섯 번째 진실.

용서는 다른 사람이 아니라 나 자신에게 주는 선물이다. 용서는 포기나 망각이 아니라 변화를 위한 적극적인 의지이다.. 원망이나 복수심을 버리기 위해서는 그만큼 내면의 성숙이 필요하고 내면의 성숙은 그저 얻어지는 것이 아니다.

진실의 발견은 명상과 고요함이죠. 진실을 알게 된다면 세상을 만만하게 보지 않을뿐만 아니라 겸허한 자세로 살기 위해 힘을 쏟을 것입니다.

아름답게 늙는 지혜

1. 새로운 기계 사용법을 적극적으로 익힐 것.

먼저 포기하고 사용법이나 설명서를 읽어 보려고도 않고 미리 포기하기도 하고, 약간의 불편함을 감수하더라도 지금 그대로가 좋다며 기계를 거부한다. 처음부터 시도도 않고 포기하는 것은 늙은 탓이다.

2. 칭찬하는 말도 조심할 것.

여럿이 있는데서 한 사람만을 꼬집어 칭찬을 한다면 오히려 역효과를 낼 수 있다. 저 정도밖에 볼 줄 모르는 사람이라고 치부 당하거나, 나머지 사람들에게 다른 실망감을 안겨 줄 수도 있다. 자식들의 경우도 한 명만을 칭찬한다면 나머지 자식은 무슨 꼴인가. 칭찬을 할 때는 따로 조용히 불러서 당사자에게만 하는 게 좋다.

3. 평균수명에 도달하면 공직에 앉지 않는다.

평균적으로 70세 이상이면 솔직히 언제 죽을지 모른다. 이념이 아무리 높고 깨끗하다고 해도 책임을 수반하는 일에는 나서지 않는게 본인이나 다른 사람을 위해서도 이롭다.

자신만 모르는 치매기가 있을런지 곰곰히 생각해 보기 바란다. 50세가 넘으면 젊은 나이가 아니므로 항상 젊은이들에게 양보하는 자세가 필요하다.

4. 노인이라는 사실을 잘못의 변명거리로 삼지 말 것.

'노인이니까', '노인에게 무슨 말버릇인가.' 따위의 생각은 버려라. 노인이라는 사실을 인정하면 처음부터 사회적 계약에 기본을 둔 관계는 피해야한다. 책임을 회피해서도 안된다. 잘못을 인정해야 하고 능률이 안오르면 임금도 그만큼 덜 받아야한다. 건망증이나 허리의 불편함을 일일이 드러내는 일도 자기 변명에 불과하다. 노인이라는 걸 내세워 대우받으려 한다면 오산이다.

5. 배설 문제에 너무 신경질적이 되지 말 것.

대변 한번 못보았다고 수다를 떠는 노인은 정신적 빈곤을 나타낸다고 할 수밖에.. 대부분 식이요법으로 되지 않으면 기다리면 해결된다. 자고로 대변은 보지 않아도 큰 해는 없으나 소변은 오랫동안 보지 않으면 해롭다라는 말이, 양생훈에 있다. 정신적인 문제로 마음을 잘 다스려야 한다.

6. 우리 몸의 세포도 그러하듯 낡은 것은 새로운 것으로 바꿔야 한다.

일반적으로 물건을 하나 사면 낡은 것은 버리는 게 좋다. 자꾸 물건이 쌓이면 집안의 공기도 나빠진다. 쓸모없는 것을 버리고 나면 공기가 많아져 젊어지는 효과도 있다. 언제 죽을지 모르는데 새걸 사면 뭘해, 라는 생각은 자신을 더욱 고루하게 한다. 신변 소품들은 가급적 새로운 것으로 교체하는 것이 정체된 자신에 활기를 준다.

7. 거지 근성은 버려라.

노인들 사이에 늘 문제가 되는 것은 자신이 갖고 있는 돈을 어떤 템포로 쓰는 것이 비참한 여생을 보내지 않는 방법일까에 매달리다가, 갖고 있는 돈을 다 쓰지도 못하고 궁색을 떨다가, 세상을 떠나가는 경우가 많다. "90세까지의 계산으로 다 써버린다는 요령으로, 그 후는 내 알바가 아니다." 라고 생각하면 편하다.

더구나 능력이 된다면 사회복지에서 주는 것은 무엇이든지 받고보자는 거지근성은 버리는 게, 자기를 위해서도 좋다.

8. 화초 가꾸는 일만 하면 빨리 늙는다.

화초 가꾸기는 평평한 땅 위를 걷는 것과 같다. 거기에 비해 인간의 마음을 상대하는 일은 흔들리는 통나무 위를 걷는 격이다. 흔들리는 통나무는 심리적 반응, 튼튼하고 유연한 허리와 다리, 유연한 관절이 없으면 건널 수 없다. 살아간다는 것은 사람들 가운데에서 더불어 고민하면서 살아가는 것이다.

새삼 이제와서 철학 책을 읽고 세익스피어를 읽으면 무슨 소용이냐는 사람이 있다. 하지만 세익스피어 작품 속에 함축된 의미를 알게 되는 건 노년에만 누리는 특권이기도 하다. 세계 정세든 세익스피어든 도전하라.

9. 뭔가 이루지 못한 과거가 있더라도 실패라던가, 유감이라는 말은 하지말자.

깨끗한 집에서 뽀송뽀송한 이불을 덮고 균형있는 식사를 했다면 그야말로 대성공이다. 사회의 일원으로 활동하고, 사랑도 알게 되고, 자유롭게 다니며, 여행하고, 자신이 좋아하는 책을 읽을 수 있고, 가족이나 친구로부터 신뢰와 사랑을 받았다면 그 인생은 대성공이다. 그런 계산이 불가능한 사람은 도대체 그 나이가 되도록 뭐했느냐는 비난도 싸다.

10. 친구가 먼저 죽더라도(남편이 먼저 가더라도) 태연할 것.

사람 나름이지만 친구의 죽음에 별로 충격을 받지 않는 사람도 있는 것 같다. 젊은 이들이야 친구의 죽음에 충격을 받겠지만, 노화란 그런 느낌마저도 덜 느끼게 하는 쓸쓸한 것인지도 모르겠다. 하지만 "나와 몇 십년 동안 같이 지내주고 살아줘서 고마워." 라는 마음으로 감사하면 되는 것이다.

11. 지나간 이야기는 정도껏 한다.

'옛날에 미인이었다.', '예전에 잘 나갔다.', '옛날에 여자들한테 한 인기했지...'라는 이야기들은 웃기기 위해 잠시하는 외에는 하지 않는다. 반복되는 옛날 이야기는 상대를 지치게 하거나 오히려 나로부터 관심을 잃게 한다. 젊은이와 동석한 경우에는 젊은이에게 대화의 기회를 많이 주는 것이 올바르다.

12. 비바람을 두려워하지 말 것.

노인이라고해서 자연현상에 지나치게 위축될 필요는 없다. 강풍이나 호우가 내리는 날은 노인뿐 아니라 다들 외출을 꺼린다. 가끔은 노인에게도 어느 정도의 자극은 필요하다. 약속이 있는데도 비바람이 다소 분다고, 약속을 취소하지 말라는 얘기다.

13. 일찍 자고 일찍 일어나는 것보다 늦게 자고 늦게 일어나는 습관을 가지자.

새벽에 일어나 우두커니 앉아있는 노인을 본다는 건 식구들에게도 좀 그렇다. 아니면 할머니의 이부자리가 새벽에 텅비어 있다면 그것도 허전할 것이다. 되도록 늦게 자고 늦게 일어나면 그만큼 허전할 시간이 줄어든다. 하지만 일찍 일어났을 때 한탄할 필요는 없다. 그 만큼의 자유로운 시간을 즐기자.

14. 재미있는 인생을 보냈으므로 언제 죽어도 괜찮다는 정도의 심리적 결재는 해두자.

어떤 처지에도 마음을 열면 감동할 일이 생긴다. 정성으로 그걸 잘 찾아내어 음미하고 욕심을 부리지 않는다면 '이런 걸 체험하는 것 만으로도 이 세상은 살만했어...' 하는 마음이 들 것이다.

15. 늙어가는 과정을 자연스레 받아들이고 최후는

자연에게 맡기는 것이 좋다.

음식을 입에 대지 않을 때 주변에서 자꾸 권하는 것을 본다. 인간이 왔다가 자연스레 죽는 것이 이치이다. 한 모금, 한 입이라도 자연스레 스스로 먹게끔 한다. 죽음에 대해 일상에서 늘 편안하게 생각하며 친숙해지는 준비를 하자. 영양제 정맥주사만은 금하는 것이 좋다.

노년의 가장 멋진 일은 사람들간의 화해이다.

-소노 아야코《노계록》-

생로병사 피할 수 없는 명제입니다. 누구나 늙게 되고 죽음을 직면하게 되고 나이들어 이떻게 처신을 힐 것인지 스스로를 경계하는 마음을 지닐 수 있도록 좋은 글귀를 늘 마주하면 좋겠네요.

노구

노 선(老仙)

늙어 가면서 신선처럼 사는 사람 이다. 이들은 사랑도 미움도 놓아 버렸다. 성냄도 탐욕도 벗어 버렸다. 선도 악도 털어 버렸다.

삶에 아무런 걸림이 없다. 건너야할 피안도 없고 올라야할 천당도 없고, 빠져버릴 지옥도 없다. 무심히 자연따라 돌아갈 뿐 이다.

노 학(老鶴)

늙어서 학처럼 사는 것이다. 이들은 심신이 건강하고 여유가 있어 나라 안팎을 수시로 돌아다니며 산천경계를 유람한다.

그러면서도 검소하여 천박하질 않다. 많은 벗들과 어울려 노닐며 베풀 줄 안다. 그래서 친구들로 부터 아낌을 받는다. 틈나는 대로 갈고 닦아 학술논문이며 문예작품들을 펴내기도한다.

노 동(老童)

배우는 사람들이다. 이들은 대학의 평생 교육원이나 학원, 아니면 서원이나 노인 대학에 적을 걸어두고 못다한 공부를 한다.

시경 주역 등 한문이며 서예며 정치 경제 상식이며 컴퓨터를 열심히 배운다.

수시로 여성 학우들과 어울려 여행도 하고 노래며 춤도 추고 즐거운 여생을 보낸다.

노 옹(老翁)

집에서 손주들이나 봐주고 텅 빈집이나 지켜준다.

어쩌다 동네 노인정에 나가서 노인들과 화투나 치고 장기를 두기도 한다.

형편만 되면 따로 나와 살아야지 하는 생각이 늘 머리속에 맴돈다.

노 광(老狂)

함량 미달에 능력은 부족하고 주변에 존경도 못받는 처지에 감투 욕심은 많아서 온갖 장은 도맡아 한다. 돈이 생기는 곳이라면 최면 불구하고 파리처럼 달라붙는다. 권력의 끄나풀이라도 잡아 보려고 늙은 몸을 이끌고 끊임없이 여기 저기 기웃거린다.

노 고(老孤)

외로운 삶을 보내는 사람이다. 이십대의 아내는 애완동물들 같이 마냥 귀엽기만 하다. 삼십대의 아내는 기호식품 같다고 할까, 사십대의 아내는 어느덧 없어서는 안될 가재도구가 돼버렸다. 오십대가 되면 아내는 가보의 자리를 차지한다. 육십대의 아내는 지방문화재 라고나 할까 그런데 칠십대가 되면 아내는 국보의 위치에 올라 존중을 받게된다.

그런 귀하고도 귀한 보물을 잃었으니 외롭고 쓸쓸할 수 밖에...

노 궁(老窮)

아침 한술 뜨고 나면 집을 나와 갈 곳이라면 공원 광장뿐이다.

점심은 무료 급식소 에서 해결한다. 석양이 되면 내키지 않는 발걸음을 돌려 집으로 들어간다. 며느리 눈치 슬슬보며 밥술 좀 떠 넣고 골방에 들어가 한숨 잔다.

사는 게 괴롭다.

노 추(老醜)

어쩌다 불치의 병을 얻어 다른 사람 도움 없이는 한시도 살 수 없는 못 죽어 생존하는 가련한 노인이다. 인생은 자기가 스스로 써온 시나리오에 따라 자신이 연출하는 자작극 이라할까? 나는 여태껏 어떤 내용의 각본을 창작해 왔을까, 이젠 고쳐 쓸 수가 없다. 희극이 되든 비극이 되든 아니면 해피 앤딩이건 미소 지으며 각본대로 열심히 연출할 수 밖에.

젊은 날 뿌리고 다듬고 가꾸어 온 대로 나이가 들면 그에 상응하는 대접을 받게 되겠지요. 인생은 에누리나 공짜나 한치의 오차가 없는 녹음기에 녹음되는 것과 꼭 같은 것이죠.

노년 4고(老年四苦)

이 세상에 늙지 않는 사람은 없다.
늙는다는 것은 아무도 피하지 못하는
모두의 절실한 현실이다.
그것을 예견하고 준비하는 사람과
자기와는 무관한 줄 알고 사는 사람이 있을 뿐이다.
'노년 사고'는 결코 남의 일이 아니라
나도 반드시 겪어야 하는 바로 나의 일이라는
사실을 알아야 한다.

첫째가 빈고(貧苦)이다.
같은 가난이라도 노년의 가난은 더욱 고통스럽다.
갈 곳이 없는 노인들이 공원에 모여 앉아 있다가
무료급식으로 끼니를 때우는 광경은
이미 익숙한 풍경이다.
나이 들어 가진 것이 없다는 것은
해결방법이 따로 없는

그렇다고 그대로 방치 할 수 없는
사회문제이기도 하다.
일차적인 책임은 물론 본인에게 있는 것이지만
그들이 우리사회에 기여한 노력에 대한
최소한도의 배려는
제도적으로 보장되어야 하지 않을까?

빈고를 위한 개인의 준비는
저축과 보험, 연금 가입 등...
방법은 다양할 수 있겠다.
결코 노년을 가볍게 생각해서는 안된다.
지금처럼 평균수명이 길어진 시대일수록
은퇴 후의 삶이 더욱 중요하게 생각된다.

두 번째가 고독고(孤獨苦)다.
젊었을 때는 어울리는 친구도 많고
호주머니에 쓸 돈이 있으니
친구, 친지들을 만나는 기회도 만들 수 있다.
그러나 나이들어 수입이 끊어지고,
더 나이가 들면 친구들이 하나, 둘 먼저 떠나고,
더 나이가 들면 육체적으로 나들이가 어려워진다.
그때의 고독감은 생각보다 심각하다.
그것이 마음의 병이 되는 수도 있다.
혼자 지내는 연습이 그래서 필요하다.
사실 가장 강한 사람은
혼자서도 잘 보낼 수 있는 사람이다.
고독고는 전적으로 혼자의 힘과 노력으로 극복해야 한다.
가족이라 해도 도와 줄 수 없는
전적으로 자신의 문제이기 때문이다.

세 번째가 무위고(無爲苦)이다.
사람이 나이들어 마땅히 할 일이 없다는 것은
하나의 고문이다.
몸도 건강하고 돈도 가지고 있지만
할 일이 없다면 그 고통에서 벗어나지 못한다.
노년의 가장 무서운 적이 무료함이다.
하루 이틀도 아닌 긴 시간을
할 일없이 지낸다는 것은
정말 고통스러운 일이다.
그래서 특별한 준비와 대책이 필요하다.

나이가 들어서도 혼자 할 수 있는 것,
특히 자기의 기질 적성을 감안해서
소일거리를 준비해야한다.
혼자 즐길수 있는
취미생활과 연관 짓는 것은 필수적이다.
가장 보편적이고 친화적인 것이
독서나 음악감상등 이다.

그러나 이런 생활도 하루아침에 되는 것은 아니다.
미리미리 긴시간을 두고 준비하며 적응할 수 있도록
노력해야 일상속에 자리 잡을 수 있다.
서예나 회화도 좋으나
뚜렷한 목표 없이는 성공하기가 어렵다.

다른 하나는 노년층에도 급속도로
보급되는 컴퓨터를 잘 다루는 것이다.
생소한 분야이기 때문에 어렵다고
지레 겁먹고 접근을 주저하는 것은

자신에 대한 포기라고도 할 수 있다.
초등학교 5학년의 지능과 지식이면
컴퓨터의 조립도 가능할 정도로
체계적이고 논리적으로 되어 있다.
전문가나 유식한 사람만이 쓸 수 있도록
만들어진 것이 아니라 만인이 쉽게 사용할 수 있도록

만들어진 것이다, 아직 글도 익히지 않은 4살짜리가
혼자서 게임을 즐긴다면 믿겠는가?
그러나 이것은 사실이고 주변에서 목격했을 것이다.
지금은 컴퓨터를 못하면 '소외계층' 이 되는 세상이다.

이메일은 물론,
개인 홈피나 불로그를 개설해서 운영하면
새로운 세계가 펼쳐지는 것을 경험하게 될것이다.
그만큼 다른 세대도 이해할 수 있고
젊게 사는 방법이기도 하다.
불로그나 홈피에 글을 올리려면
공부도 좀 해야 하고
많은 정보를 검색해서 취사선택하게 되므로
시간이 그러게 잘 갈수가 없다고들 한다.
무위나 무료와는 거리가 멀게 될 것이다.
노년에 두려워하는 치매예방에도
이보다 더 좋은 방법은 없다고 한다.
사이버세계에는 세대차이가 없다
모두가 네티즌일 뿐이다.

마지막이 병고(病苦)이다.
늙었다는 것은 그 육신이 닳았다는 뜻이다.

오래 사용했으니 여기저기 고장이 나는 것은 당연하다.
고혈압 당뇨, 퇴행성 관절염,
류마티즘, 심장질환, 요통,
전립선질환, 골다공증은 세계 모든 노인들이 공통으로
가지고 있는 노인병들이다.
늙음도 서러운데 병고까지 겹치니 그 심신의 고통은
이루 말할 수 없다. 늙어 병들면 잘 낳지도 않는다.
건강은 건강할 때 지키고 관리해야 한다.

무릎 보호대도 건강한 무릎에 쓰는 것이지
병든 무릎에는 무용지물이다. 수많은 노인들이 병고에
시달리는 것은 불가항력적인 것도 있겠지만
건강할 때 관리를 소홀히 한 것이 원인 중에 하나이다.
노인이 되어서 지병이 없는 사람도 드물겠지만
체력을 적극적으로 관리해야 한다.
나이들어서도 계속할 수 있는 가장 효과적은 운동은
'걷기' 이다. 편한 신발 한 컬레만 있으면 된다.

지속적인 걷기는 심신이 함께하는 운동이다.
오래동안 꾸준히 걷는 사람은 아픈 데가 별로 없다.
그건 전적으로 자기와의 고독하고 힘든 싸움이기도 하다.

노년 사고는 옛날에도,
지금도, 그리고 앞으로도 모든 사람 앞에 있는
피할 수 없는 현실이다.
운 좋은 사람은 한두 가지 고통에서
피할 수 있을런 지 몰라도
모두를 피할 수는 없다.
그러나 준비만 잘하면 최소화할 수는 있다.

그 준비의 정도에 따라 한 인간의 노년은

전혀 다른 것이 될 수도 있다.
인간은 그 누구라도 마지막에 '혼자' 다.
오는 길이 '혼자' 였듯이
가는 길도 '혼자' 이다.

사람은 누구나 한 번은 맞이해야 하는 것이 늙음이죠. 늙는다는 것은 모든 기능이 쇠퇴했다는 것이고 몸이나 마음이 예전 같지 않다는 것이기도 하지요. 늙음이 반드시 한 번은 인생에 찾아온다는 것을 미리 알고 한시라도 젊은날 몸, 마음관리를 해 둔다면 그때가 되어도 좀 덜 고통 속에서 새로운 일을 무리없는 과정에서 여유롭게 즐기며 또 다른 세상의 한 면을 배우는 기회가 되겠지요. 무도(운동)를 하다보면 늘 힘을 빼야만 최고의 기술이 나온다고 하죠. 나이가 들면 정신만 바로 살아있고 젊은날부터 그런 운동을 꾸준히 해 오고 있었다면 노년이 되어 정말 흠 잡을 때 없는 멋스러움이 수석의 고태미처럼 뿜어 나오게 되지요. 늘 젊은 마음으로 생을 바라본다면 몸은 늙지만 마음은 항상 푸른 건강을 유지하겠죠.

늙은 아버지의 질문

82세의 노인이 52세 된 아들과 거실에 마주 앉아있었다. 그 때 우연히 까마귀 한 마리가 창가의 나무에 날아와 앉았다. 노인이 아들에게 물었다. “저게 뭐냐? ” 아들은 다정하게 말했다. “까마귀에요. 아버지” 아버지는 그런데 조금 후 다시 물었다. “저게 뭐냐?” 아들은 다시, “까마귀라니까요.” 노인은 조금 뒤 또 물었다. 세 번째였다.“저게 뭐냐? ” 아들은 짜증이 났다. “글쎄 까마귀라고요.” 아들의 음성엔 아버지가 느낄 만큼 분명하게 짜증이 섞여 있었다.
그런데 조금 뒤 아버지는 다시 물었다. 네 번째였다. “저게 뭐냐? ” 아들은 그만 화가 나서 큰 소리로 외쳤다. “까마귀, 까마귀라고요. 그 말도 이해가 안돼요 .왜 자꾸만 같은 질문을 반복해 하세요? ”
조금 뒤였다. 아버지는 방에 들어가 때가 묻고 찢어진 일기장을 들고 나왔다. 그 일기장을 펴서 아들에게 주며 읽어보라고 말했다. 아들은 일기장을 읽었다. 거기엔 자기가 세 살짜리 애기였을 때의 이야기였다.

『오늘은 까마귀 한 마리가 창가에 날아와 앉았다. 어린 아들은 “저게 뭐야? ” 하고 물었다. 나는 까마귀라고 대답해 주었다. 그런데 아들은 연거푸 23번을 똑 같이 물었다. 나는 귀여운 아들을 안아주며 끝까지 다정하게 대답해 주었다. 나는 까마귀라고 똑같은 대답을 23번을 하면서도 즐거웠다. 아들이 새로운 것에 관심이 있다는 거에 대해 감사했고 아들에게 사랑을 준다는 게 즐거웠다…』

타인에게 받은 것은 잊어버리고 준 것 만을 생각하는 삶은 잘못 산 인생이죠. 모성애, 부성애란 용어는 있어도 자성애가 없는 것은 왜일까요?

바람직한 노후생활

첫째,

집안과 밖에서 넘어지지 말고 끼니를 거르지 말되,
과식을 삼가며, 이사하지 말고, 살던 집에서 계속 살아야 좋다.

둘째,

설치지 말고, 헐뜯는 소리, 잔소리를 하지 말라.
남의 일에는 간섭하지 말 것이며,
묻거들랑 가르쳐 주기는 하되 모르는 척 어수룩해야 편안하다.

셋째,

어차피 젊은이들에게 신세질 몸,
이기려 들지 말고, 칭찬을 아끼지 말라.
한 걸음 물러서서 양보 하는 것이 편하고 원만히 살아가는 비결이다.
그러나 불의의 부도덕하고, 무례한 행위에는 불호령을 내려라.
이것이 사회를 위한 늙은이의 마지막 봉사일지도 모른다.

넷째,

돈 욕심을 버려라.
아무리 많은 돈을 가졌다 해도 눈감으면 공수래 공수거이다.

인색하게 굴지 말고 너그러운 마음으로 베풀고,
좋은 일 많이 하고, 덕도 쌓으라.
하지만 돈이란 것은 늙어서 더욱 필요한 것이니,
죽을 때까지 놓지 말고 꼭 쥐어라.
돈은 늙은이를 지켜주고, 모두가 받들어 모시는 원동력이다.
물려 줄 만큼 물려주되, 두 늙은이 몫은 가지고 쓰면서 살아라.
혹 재산을 넘보는 자녀가 있거든
"이 재산 어디 안 간다." 고 따끔히 타이르라.

다섯째,

멍청하면 안 된다.
신문, 잡지, 책, 인터넷을 통해서 꾸준히 두뇌를 세척하고,
두 가지의 취미 생활을 하라.
건전한 오락도 좋다.
그러나 절대로 무리하지 말라.

여섯째,

늙을수록 건강에 유념해서 부부가 해로하되,
영감이 먼저 눈을 감는 것이 편하다.
그러니 보약은 부인에게 양보 하라.

지혜로움으로 노후생활을 하는 것은 이 세상의 여생을 축복받은 삶으로 이끌어 가는 길이죠.

세상에 남기는 것

오늘 할아버지께서 하신 말씀에서
저는 문득 잠에서 깨어난 듯한 느낌을 받았어요.

"일생을 마친 다음에 남는 것은
우리가 모은 것이 아니라 우리가 남에게 준 것이다.
악착스레 모은 돈이나 재산은 그 누구의 마음에도 남아있지 않지만
숨은 적선, 진실한 충고, 따뜻한 격려의 말 같은 것은
언제까지나 남아있게 되니 말이야.
재미있는 일이야."

-미우라 아야코, 《속 빙점》-

선행은 몇 대를 간다는 말이 있죠. 왕가에서나 명문가에서 자녀교육시 가장 강조하는 것이 '적선'이라고 하죠.

新 노인시대

영국 작가 존 버닝햄이 2002년 석유재벌 폴 게티 2세에게 편지를 보냈다. 노년에 관한 각계 인사들의 단상(斷想)을 모은 책 '내 인생의 가장 행복한 날'을 준비하면서 원고를 부탁하는 편지였다.
게티에게서 답장이 왔다.
"나이가 드는 것에 관해서는 할 말이 하나 밖에 없습니다. 나이가 드는 줄도 몰랐고, 내가 나이 들었다는 사실에 동의하지도 않습니다."
그때 게티의 나이가 일흔이었다.

이무영(李無影)의 1950년대 소설 '사랑의 화첩'에 '고희(古稀) 노인'의 평균적 모습을 묘사한 글에 이런 것이 있다.
'일흔이라면 허리는 불에 튀긴 새우꼴, 손가락은 갈퀴발, 손등은 기름기 뺀 가죽이 된다. 눈은 정기를 잃은 지 오래, 눈물만 지적지적하고 충혈된 동자는 눈곱 처치를 못한다.'

불과 50년이 지난 지금, 병자가 아니라면 주변에서 이런 '일흔 노인'은 찾아보기 힘들다. 우리 공공요금 경로우대나 공식 통계에서 '노인'의 기준은 '65세 이상'이다. 1981년 노인복지법을 만들면서 정한 기준이지만 평균수명 66세였던 시절 얘기다.

지금은 79.6세, 13세 넘게 늘어났다. 회갑잔치가 진작에 사라진 세상에서 65세 됐다고 노인 소리 듣는 게 달가울 리 없다. 보건복지가족부가 60세 이상 1만 5000명을 조사했더니 70~74세는 돼야 노인 이라는 답이 51%였다고 한다. 75~79세도 10%였고 "65~69세" 는 24%밖에 안 됐다.

옛말에 신로심불로(身老心不老), 몸은 늙었어도 마음만은 젊은이 행세를 하고 싶다고 했다. 이젠 신불로심불로(身不老心不老)라 해야 옳다. 복지부 노인실태조사에서 56%가, "노후 성생활이 중요하다." 고 한 것도 이상할 게 없다.

노인의 성적 욕구를 극적으로 설명하는 일화가 있다.
97세 미국 작곡가 유비 블레이크에게 누군가 물었다. "몇 살쯤 되니 성욕이 사라지던가요." 블레이크가 대답했다.
"나보다 더 나이 든 사람에게 물어봐야 될 것 같네."

노인실태조사에서 응답자들은 노후에 가장 하고 싶은 일로 근로활동(37%)을 꼽았고, 대부분 "자녀와 함께 살 필요가 없다(71%)."고 했다. 연장자 대접은 좋지만 "노인 취급 받기는 싫다(42%)."고 했다.
뒷방 신세는 되지 않겠다는 21세기형 노인세대의 등장이다. 우리 국가와 사회는, 이렇게 몸과 마음이 왕성한, '신(新)노인' 들을 위한 준비를 부지런히 해둬야겠다.

젊은 오빠들이 자꾸 늘어나는 2000년대입니다. 이제는 나이를 떠나 어떻게 생각하고 행하느냐에 따라 늙고 젊음의 차이가 나는 게 아닐까요. 사는 날까지 청년정신을 지니고 산다면 얼마나 행복하겠습니까.

아름다운 노후

어느날 문득
노년을 보내고 있는 자신을
발견하게 된다.

머리카락은
희끗희끗 반백이 되어 있고
몸은 생각같이 움직이지 않고
자신의 키 보다
훨씬 커버린 아들은 회사에
출근하고 어느새 딸들은 결혼을
하여 엄마가 되어 있다.

영원히
함께 있을 것 같던 아이들은
하나 둘 우리들의 품을 떠나가고
백년을 함께 살자고 맹서했던
부부는 오랜 세월을 살아오면서
어쩔 수 없이 늙어가는 서로를
바라보며 노년을 보낸다.

가족을
너무 의지하지 마라.
그렇다고 가족의 중요성을
무시하라는 것은 아니다.

움직일 수 있는 한 나 아닌 다른
사람을 의지하는 건 절대 금물이다.

자신의 노년은 그 어느 누구도
대신해 주지 않는다. 자신의 것을
스스로 개발하고 스스로 챙겨라.

당신이
진정으로 후회 없는 노년을
보내려거든 반드시 한두 가지의
취미 생활을 가져라.

산이 좋으면
산에 올라 세상을 한번 호령해보고
물이 좋으면 강가에 앉아 낚시를 해라.

운동이 좋으면
어느 운동이든 땀이 나도록 하고
책을 좋아하면 열심히 책을 읽어라.

글을 써라.
인터넷을 좋아하면 정보의 바다를
즐겁게 헤엄쳐라.

좋아하는 취미 때문에
식사 한끼 정도는 걸러도 좋을 만큼
집중력을 가지고 즐겨라.
그 길이 당신의 쓸쓸한 노년을
의미있게 보낼 수 있는 중요한 비결이다.

자식들에게 너무 기대하지 마라.
자식에게서 받은 상처나 배신감은
쉽게 치유가 되지 않기 때문이다.

부모를 만족시켜 주는 자식은
그렇게 많지 않다. 기대가 큰
자식일수록 부모의 마음을 아프게 한다.

자식들의
영역을 침범하거나 간섭하지 마라.

자식들은 그들이 살아가는
삶의 방식이 따로 있다.

도를 넘지 않는
적당한 관심과 적당한 기대가
당신의 노년을
평안과 행복의 길로 인도할 것이다.

"악처가 효자보다 낫다."는
옛말은 참고 할 만하니
식어가는 부부간의 사랑을 되찾아
뜨겁게 하라.

그리고 이 나이는
사랑보다 겹겹이 쌓여진 묵은
정으로 서로의 등을 씻어 주며
사는 것이 아니겠는가?

그래도 자식들을 가까이에 두며
친척들은 멀리 하지 말고
진정
마음을 나눌 수 있는 함께 할
벗이 있다면 당신의 노년은
화판에 그려 진 한 폭의 수채화처럼
아름다울 것이다.

아름다움은 길들여지는 것이란 생각이 나네요. 자신을 격려하고 고무시켜 미학적으로 가꾸어 나간다면 노후 걱정할 것 없이 향기로움으로 가득하겠죠.

아름답게 늙는 8가지

1. 남이 무엇인가 해 줄 것을 기대하지 말고 무슨 일이든지 자기 힘으로 하자.
늙으면 기력도 떨어지고, 우대도 받고 싶은 마음에서 은근히 남에게 기대려는 심리가 생긴다.

2. 남의 생활에 참견 말자.
노인들은 자신의 경륜을 내세우고 싶은 마음에서 곧잘 남들에게 충고하고 참견하려는 경향이 있다. 상대가 조언을 청하기 전에는 침묵하는 것이 좋다.

3. 몸에 좋다고 아무 약이나 먹지 말고 남에게 권하지 말자.
먹는 것에 몰두하면 추해 보인다. 무엇이 몸에 좋다는 이야기에는 솔깃하지 않는 것이 좋다.

4. 어떤 상황에서도 남을 헐뜯지 말자.
인생 경험에 비추어 '역지사지' 하여 남을 배려하는 마음을 가지면 상대를 이해하게 되고 헐뜯는 일은 없다.

5. 편한 것만 찾지 말고 외로움에서 벗어나려고 노력하자.
안일을 추구하면 오히려 의욕을 상실하고 무료해지고 무기력해진다. 그러면 자

연 인생에 대한 회의도 생기면서 고독해질 수 있다. 삶의 보람을 느끼려면 해야 할 일을 기피하지 말고 적극적으로 봉사활동도 하는 것이 좋다.

6. 사진, 감사패, 내 옷 같은 것은 미리 정리하고 가자.
어떤 이는 벌써 자기의 사진, 각종 패와 옷들을 정리했다고 한다. 언제 갈지 모르는데 그냥 두고 가면 자식들에게 부담만 주게 되니 미리 정리하는 것이 좋다.

7. 종교를 갖자.
종교는 정신적 의지가 될 수 있다. 인생 말년에 삶과 죽음에 대한 회의를 가지지 않고 여생을 안정된 가운데 보내려면 각자에게 맞는 종교를 갖는 것도 좋을 것이다.

8. 죽음을 자연스럽게 맞이하자.
아침에 해가 떠서 저녁에 서쪽으로 지는 것처럼 인생의 생로병사를 순리로 받아들이자. 늙음을 비관하면 결국 인생의 패배자로 전락하므로 죽음까지도 자연스럽게 받아들이는 자세를 갖는 것이 가장 중요한 일이다.

사람에게 아름다움은 흔적이 없는 것일까요. 그래요. 흔적은 남기지 말되 그 분위기, 그 느낌의 향기가 바람결에 스쳐 온다면 참 잘 산 인생이겠지요.

어느 95세 어른의 수기

나는 젊었을 때 정말 열심히 일했습니다.
그 결과 나는 실력을 인정받았고 존경을 받았습니다.
그 덕에 65세 때 당당한 은퇴를 할 수 있었죠.

그런 내가 30년 후인 95살 생일 때
얼마나 후회의 눈물을 흘렸는지 모릅니다.
내 65년의 생애는 자랑스럽고 떳떳했지만,
이후 30년의 삶은 부끄럽고 후회되고 비통한 삶이었습니다.

나는 퇴직 후 '이제 다 살았다, 남은 인생은 그냥 덤이다.' 라는 생각으로
그저 고통없이 죽기만을 기다렸습니다.
덧없고 희망이 없는 삶...
그런 삶을 무려 30년이나 살았습니다.

30년의 시간은지금 내 나이 95세로 보면...
3분의1에 해당하는 기나긴 시간입니다.
만일 내가 퇴직할 때 앞으로 30년을 더 살 수 있다고 생각했다면

난 정말 그렇게 살지는 않았을 것입니다.

그때 나 스스로가 늙었다고,

뭔가를 시작하기엔 늦었다고 생각했던 것이 큰 잘못이었습니다.

나는 지금 95살이지만 정신이 또렷합니다.

앞으로 10년, 20년을 더 살지 모릅니다.

이제 나는 하고 싶었던 어학공부를 시작하려 합니다.

그 이유는 단 한가지 ...

10년후 맞이하게 될 105번째 생일 날!

95살 때 왜 아무것도 시작하지 않았는지

후회하지 않기 위해서입니다.

후회하지 않는 삶! 인간만이 할 수 있는 특권입니다.
생이 마감하는 날까지 꽃의 영광과 빛을 찾는 워즈워드의 싯구처럼 산다면 정말 소풍 한 번 잘한 것이죠.

이런 노인이 되게 하소서

눈이 침침하여 잘 안 보이고
귀가 멀어 가서 소리가 들리지 않고
말과 걸음걸이가 어눌해져 가지만 나를 추하게 늙어가지 않게 하시고
세상을 원망하지 않게 하시고 나를 알아주지 않는다고 불평하고
누군가를 용서하지 못하고 미워하며 욕심을 버리지 못하고
더욱 큰 욕심에 힘들어 하며 자신을 학대하고 주변 사람까지
힘들게 하는 그런 노인이 정말 되지 않게 하시옵소서.

나는 정말 멋지게 늙고 싶어지게 하시고
육체적으론 늙었지만 정신적으로는
오늘 막 복학한 대학생 정도로 살게 하시고
새로운 것에 대한 호기심과 열정을 가지고
끊임없이 탐구하며 살아가게 하옵소서.

늘 호기심으로 눈을 반짝이면서
사랑이 넘치는 자애로운 노인이 되게 하소서.
주변 사람들에게 늘 관대하고 도울 수
있는 일을 찾아서 즐겁게 사는
부지런한 그런 노인이 되게 하소서.
경제적으로 정신적으로 시간적으로 여유가 있어

늘 주변을 돌아보며 어떤 도움을 어떤 방식으로 줄까?
고민하는 노인이 되게 하옵소서.

어른 대접 안한다고 불평하지 않게 하시고
대접받을 만한 행동을 하는 근사하고 멋이 넘치는
그런 노인이 되게 하시옵소서.

'할 일이 너무 많아 눈감을 시간도 없다.' 는 불평을 하면서
하도 오라는 데가 많아 집사람과 가끔 행방불명이 되고
사람들에게 사랑을 받는 그런 노인이 되게 하옵소서.

그래서 젊은 사람들이 "나도 저렇게 늙고 싶다." 고 부러워하도록
멋지게 늙게 하시고 그래서 많은 사람들이 아쉬워하는
가운데 미소를 지으며 예비하신 그 곳으로 가게 하소서.

늙어가는 것을 두렵지 않게 하시고
늙는다는 것은 당연한 일로 알아서
늙는다는 것은 소망이 함께 있도록
늙는다는 것을 더 소중하게 하소서.
늙는다는 것을 더 감사하게 하소서.

늘 자신을 추스르는 기도를 생활화 하는 삶은 자신에 대한 믿음과 격려로서 새로운 창조의 삶을 이끌어 내게 되리라 봅니다. 홀로 있되 외롭지 않고 여럿이 있되 궁색하지 않으며 고매한 향기가 만리를 가는 그런 삶이 되도록 하옵소서

재산 남기는 최고 법

司馬溫公(사마온공)이 曰(왈) 積金以遺子孫(적금이유자손)이라도 未必(미필) 子孫(자손)이 能盡守(능진수)요 積書以遺子孫(적서이유자손)이라도 未必(미필) 子孫(자손)이 能盡讀(능진독)이니 不如(불여) 積陰德於冥冥之中(적음덕어명명지중)하야 以爲子孫之計也(이위자손지계야)니라.

사마온공이 말하기를, “돈을 모아 자손에게 넘겨준다 하여도 자손이 반드시 다 지킨다고 볼 수 없으며, 책을 모아서 자손에게 남겨 준다 하여도 자손이 반드시 다 읽는다고 볼 수 없다. 그러므로 남 모르게 덕을 쌓는 것이 더 자손을 위한 계획이 되느니라.” 고 하였다.

-《명심보감 繼善篇》-

적선지가필유여경
덕을 쌓는다는 것 積善之家必有餘慶이란 말이 생각나네요. 즉 좋은 일을 많이한 집안에는 후손들에게 좋은 일만 생긴다는 말이지요. 사람이란 DNA유전의 연속이란 과학적 용어가 있지요. 살아생전 복덕을 쌓는 것 아름다운 행위이죠.

다섯번째 이야기 | 죽음

죽음을 맞기 전에 정리해야 할 일중의 하나가 적든 많든 재산의 문제는 가장 큰 비중을 차지한다. 이런 일들을 분명히 하지 않으면 편안한 노후를 맞을 수 없게 된다.

죽을 때 후회하는 25가지

인생의 마지막 순간을 앞 둔 사람들이 가장 많이 하는 후회는 무엇일까. 수년간 말기암 환자를 진료한 한 일본인 의사의 저서 '죽을 때 후회하는 것 25가지' 가 일본 네티즌에게 잔잔한 감동을 주고 있다.
온라인 서점 아마존과 다수의 일본인 블로그에 따르면 '종말기 의료 전문가' 오츠 슈이치씨는 1,000명이 넘는 말기 환자들을 죽음을 접하며 그들이 죽기 전에 남긴 이야기를 책으로 정리했다. 이 책은 최근 일본 방송에 소개되면서 다시금 주목을 받고 있다.

1. 자신의 몸을 소중히 하지 않았던 것

죽음을 앞둔 환자들의 한결같은 마음이다. '평소 자신의 몸을 좀 더 소중히 여겼으면 지금 내가 아프지 않았을 텐데…' 라고 생각하는 사람들이 많다. 오츠씨는 병이 생긴 뒤 돈을 들이는 것보다 병에 걸리기 전에 검사 등에 돈을 쓰는 편이 현명하다고 설명했다.

2. 유산을 어떻게 할까 결정하지 않았던 것

오츠씨는 상당수의 말기암 환자가 병원 침대에 누워 유산 상속 문제로 골머리를 앓는다고 했다. 또 환자가 죽고 나서 재산 문제로 가족관계가 나빠지는 경우도 많이 접했다. 오츠씨는 건강했을 때 이 부분에 대해 정리하는 것이 좋다고 조언했다.

3. 꿈을 실현할 수 없었던 것

많은 환자들은 꿈을 실현하기 위해 전력을 다하지 않았던 것을 후회했다. 연주자를 꿈꾼 한 말기암 환자는 병동에서 불철주야 연습해 처음이자 마지막인 연주회를 열었다. 오츠씨는 "그녀의 최후는 아주 편안해 보였다."고 회고했다.

4. 맛있는 것을 먹지 않았던 것

죽음을 앞둔 환자들은 식욕이 떨어지거나 최악의 경우 미각이 없어지기도 한다. 어느 말기암 환자는 유명한 스시 집에 가서 마지막 만찬을 먹었지만 맛을 전혀 느끼지 못했다. 오츠씨는 건강을 잃기 전에 맛있는 것을 많이 먹어두라고 조언했다.

5. 마음에 남는 연애를 하지 않았던 것

마음에 남는 연애는 죽음을 앞둔 사람에게 큰 버팀목으로 작용한다. 기억에 남는 연애를 했던 환자들의 얼굴을 상당히 온화했다고 오츠씨는 덧붙였다.

6. 결혼을 하지 않았던 것

독신인 채 일생을 끝내는 환자들은 반려자를 만나지 못한 것에 대해 크게 후회한다.

7. 아이를 낳아 기르지 않았던 것

대부분의 여성 환자들의 후회 중 하나다. 꿋꿋이 투병 생활을 하던 한 80대 노파는 손자가 휠체어를 밀어주는 다른 환자의 모습을 보고 "선생님, 저도 아이를 하나 낳을 걸 그랬어요."라고 불쑥 중얼거렸다고 오츠씨는 전했다.

8. 악행에 손 댄 일

나쁜 일을 저질러 병을 얻었다고 생각하는 사람들이 의외로 많다. 이들은 밤새 악몽이 시달리며 남은 생을 힘들게 보낸다.

9. 감정에 좌지우지 되어 일생을 보내 버린 것

죽음이라는 큰 산 앞에 놓이게 되면 지금껏 해왔던 고민 등은 아주 사소한 일이 돼버린다. 때문에 많은 환자들이 감정적인 문제로 수없이 말다툼을 했다는 사실을 후회한다.

10. 자신을 제일이라고 믿고 살아 온 것

회사 경영자 등 사회적 지위에 오른 사람들이 갖는 후회 중 하나다. 주위 의견을 전혀 듣지 않고 유아독존 살아온 사람들은 자신의 힘으로 어쩔 수 없는 '죽음' 앞에 놓여 과거 오만했던 일들을 후회한다.

11. 생애 마지막에 의지를 보이지 않았던 것

영화나 드라마에서 처럼 죽기직전 "지금까지 고마웠다."고 말할 수 있는 경우는 드물다. 대부분의 환자들이 의식을 잃거나 말할 틈도 없이 눈을 감는다. 건강했을 때 가족이나 친구 등에게 하고 싶은 말을 해 두는 것이 현명하다.

이 밖에 후회하는 것들은 다음과 같다.

12. 사랑하는 사람에게 '고마워요' 라고 말하지 않았던 것
13. 가고 싶은 장소를 여행하지 않았던 것
14. 고향에 찾아가지 않았던 것
15. 취미에 시간을 할애하지 않았던 것
16. 만나고 싶은 사람을 만나지 않았던 것
17. 하고 싶은 것을 하지 않았던 것

18. 사람에게 불친절하게 대했던 것

19. 아이를 결혼시키지 않았던 것

20. 죽음을 불행하다고 생각한 것

21. 남겨진 시간을 소중히 보내지 않았던 것

22. 자신이 산 증거를 남기지 않았던 것

23. 종교를 몰랐던 것

24. 자신의 장례식을 준비하지 않았던 것

25. 담배를 끊지 않았던 것

사람은 생의 종착역에 언젠가는 다다라야 됩니다. 언제 어떻게 아플지 모르는 게 우리들 입니다. 한번쯤 살아가면서 종착역에 선 기분으로 자신을 정리해 본다면 가장 순수한 모습으로 사람다운 사람의 향기를 되찾지 않을까요?

그리고 현재의 불만스러운 일들이 말끔히 정리가 되고 자신이 새롭게 탄생된 기분을 느끼지 않을까요?

수명 연장 법

* 낙천적인 사고 : +8년

낙천적인 사람은 면역 체계가 튼튼해 질병에 잘 걸리지 않고, 걸려도 쉽게 낫는다. 한 연구에 따르면, 낙천적인 사고 방식은 심장병에 좋아, 협심증이나 심장마비에 걸릴 확률을 줄인다고 한다.

* 자기 비하 : -5년

자기 비하는 삶을 좀먹는다. 자존감이 높은 사람은, 자신이 중요하다고 생각하기 때문에 건강에도 신경을 쓰게 마련이며, 자주 행복을 느낀다. 요양원 환자들을 대상으로 연구해 보았더니, 몸 건강 상태가 비슷하더라도, 자존감이 높고 우울한 감정을 적게 느끼는 사람이 더 오래 살았다고 한다.

* 결혼 : +7년

남자와 여자 모두, 결혼 생활이 원만하면 건강하고 부유하며 행복하게 오래 산다. 어떤 연구에 따르면, 한 번도 결혼한 적이 없는 사람의 3분의 2가, 겉보기에는 더 건강해 보였지만 수명은 기혼자보다 짧았다고 한다.

* 이혼 : -3년

이혼한 사람은 정신과 진료를 받는 횟수가 많다. 원만하게 결혼 생활을 유지하는 사람보다 독신 또는 배우자와 사별한 사람이 병원을 찾는 빈도도 높다.
하지만 결혼 생활이 너무 불행하다면, 오히려 이혼하는 것이 건강에 좋다.

* 일과 인생의 균형 : +3년

바쁜 일정과 계속되는 도전 속에서도 승승장구하며 잘 살아가는 사람이 있는 반면, 일에 치여 모든 에너지를 빼앗기고 심한 스트레스에 시달리며 우울하게 사는 사람이 있다. 중요한 것은 균형이며, 어떻게 해야 균형을 잡을 수 있는지 아는 사람은 오로지 자기 자신뿐이다.

* 스트레스 : -2년
스트레스는 죽음의 천을 짜는 실이나 다름없다. 심하게 다치거나 인간관계로 큰 상처를 입거나 해서 심한 스트레스를 받을 때마다 수명이 1년씩 줄어들 수 있다.

* 운동 : +2년
운동은 우리 몸 거의 모든 장기에 마법과도 같은 놀라운 일을 한다. 운동효과는 주로 몸에 나타나지만, 정신에도 놀라운 효과를 보인다.

* 너무 심한 운동 : -2년
운동 속도가 너무 빠르고 격하면, 우리 근육은 필요한 만큼 산소를 충분히 얻을 여유가 없어지고, 끝내는 무산소 대사를 하게 된다. 그러면 근육 속에 젖산이 쌓여, 다리가 욱신거리고 칼로리가 엄청나게 소비된다.

* 장수한 부모 : +10년
장수가 유전된다는 사실은 몇백 년 전부터 이미 잘 알려졌었다. 부모님이나 조부모님이 장수했다면, 당신 또한 남들보다 오래 살 가능성이 크다.
이는 유전학적으로 밝혀진 사실이다.

* 외동 아이 : -5년
몇몇 연구에 따르면, 우리 조부모 세대 사람들 가운데 형제가 많은 사람이, 형제가 적거나 없는 사람보다 더 오래 살았다고 한다. 외동 아이는 그렇지 않은 사람보다 수명이 5년쯤 짧다.

* 작은 키 : +5년
1970년대 미국에서 육상 선수와 유명인들을 대상으로 자료를 모아 분석해 보았더니 키가 작고 몸무게가 작게 나가는 사람이 장수하는 경향을 보였다.
동물 실험에서도, 같은 종의 개체 가운데 키가 작은 동물이 오래 산다는 사실이 밝혀졌다.

* 깡마른 몸매 : -1년

너무 마른 체형도 건강에 좋지 않다. 덴마크 코펜하겐 예방의학원에 따르면, 적당히 살집이 있는 편이 좋다고 한다. 그들은 연구를 통해, 엉덩이가 너무 작은 여성보다 엉덩이가 조금 큰 여성이 심장병에 걸릴 확률이 낮다는 사실을 밝혀냈다.

* 채식 : +5년

지중해 연안 사람들은 장수를 누리며, 심장 질환에 걸릴 확률이 낮다. 그리고 이 지역 주민은 과일, 채소, 견과류를 엄청나게 많이 먹고, 정제된 음식을 거의 먹지 않는다. 채식주의자는 고기를 많이 먹는 사람보다 요절할 확률이 20퍼센트나 낮다는 연구 결과도 있다.

* 패스트푸드 : -4년

패스트푸드에는 방부제, 정제당, 수소화 기름이나 트랜스 지방 같은 영양학자가 보면 놀라 소리를 지를 만큼 끔찍한 물질들이 들어 있다.

* 명상 : +3년

동양인은 오래 전부터 건강과 장수를 위해 명상을 해왔다. 명상을 하면 기분이 좋아지고 걱정 근심이 달아나며 부정적인 생각을 훌훌 털어 버릴 수 있다. 또, 집중력이 좋아지고, 다른 이들과도 쉽게 조화를 이루어 원만한 사회생활을 할 수 있다.

* 오랫동안 TV 보기 : -8년

스탠퍼드 의과대학 연구진의 논문에 따르면, 소파 위에서만 지내는 인생은 이미 끝난 인생이나 다름없다고 한다. 운동 부족은 흡연이나 고혈압, 높은 콜레스테롤 수치만큼이나 수명 단축을 가져오는 것으로 알려졌다. 소파에서 뒹굴며 지내면 심장병, 당뇨, 요통에 걸리기 쉽고, 몸을 움직여 무언가를 할 때, 넘어지거나 사고를 당한 위험이 커진다.

수명연장법은 모든 것에 넘치거나 부족하면 좋지 않다는 것을 보여 주네요. 움직이지 않는 것은 너무나 건강에 해롭고 늘 꼼지락 운동을 습관처럼 하는 사람은 늘 활기차게 보이죠.

아름다운 죽음을 맞으려면 유언장을 쓰자

재산 상속을 놓고 가족 간 분쟁이 크게 늘고 있다. 민법에 규정된 자기 상속분을 받게 해달라고 가족들을 상대로 법원에 낸 유류분 반환청구 소송이 6년 사이 4배나 늘어났다. 재산 상속에 대한 유언장을 미리 써놓지 않고 사망하는 바람에 홀로 남은 부모의 한쪽과 자녀 간에, 또는 형제자매 사이에 볼썽사나운 재산 다툼을 법정까지 끌고 가는 경우가 많아지고 있는 것이다.

유언장은 재산 상속은 물론 장례 절차, 시신 기증 등 삶을 다하고 나서 남게 될 문제를 분쟁 없이 매듭지어줄 법적 보호장치다. 그런데도 우리는 사망자 가운데 유언장을 남기는 경우가 고작 3~5%라고 한다. 아직 살 날이 많이 남았다는 막연한 믿음 때문이거나 남겨줄 것이 없다며 유언장을 쓰지 않는 사람이 많다. 민법은 유언장이 없을 경우 상속 재산을 배우자 1.5, 자녀 한 명당 1로 쳐서 분배하도록 하고 있다. 그러나 우리 사회는 아직 장남이 제사와 산소 관리 등을 책임지는 관습이 상당 부분 남아 있고 부모 생존 시 형제자매 중 특정인에게 재산 일부를 앞당겨 물려주는 일도 적지 않아 유언장이 없을 경우 재산 분배를 둘러싼 다툼으로 고인의 명예나 가족의 화목이 산산조각 나는 경우가 흔하다. 요즘 잇따르고 있는 대기업 상속분쟁도 대부분 그래서 빚어진다.

1960년대 이후 개발 연대에 청·장년기를 보낸 세대가 은퇴 시기를 맞고 있다. 60세 이상 고령자들의 금융자산은 400조원에 이른다. 유언장 얘기를 들먹이면 사신이 닥쳐온 것처럼 불쾌하게 여기는 게 우리 정서지만 자신이 세상을 떠나고 난 뒤 남은 가족이 추한 다툼에 휘말려 들지 않게 하려면 유언장을 남기는 방법보다 좋은 게 없다.

죽음은 예기치 않은 사고나 질병으로 언제든 찾아올 수 있다. 그러기에 미리 재산 상속은 물론, 장례 절차와 시신 기증, 연명치료 여부 등과 주소, 작성연월일, 성명, 서명까지 꼼꼼히 법적 요건에 맞춰 준비해야 한다. 미성년 자녀를 둔 부모라면 부부가 한꺼번에 떠날 경우를 생각해 사후에 자녀를 돌볼 후견인도 지명해 둬야 한다.

유언장은 언젠가 다가올 죽음에 대한 준비이고, 지나온 삶을 반성하는 기회이며, 사후 가족 화합을 위한 안전판이다. 유언장 문화가 확산되면 우리의 허약한 기부 문화도 더욱 뿌리를 내릴 수 있을 것이다.

한 번은 이 세상을 떠나야 하는 것이 주어진 운명입니다. 그러나 대부분의 사람이 죽음에 맞닥드리지 않으면 생각조차 하기 싫어하는 것이 죽음이죠. 그래서 요즘 선진국에서는 죽음학을 개설해서 미리 마음의 준비를 차근차근히 해서 당면 시 두렵거나 망설임 없이 모든 일을 순리대로 해 나가도록 알려 준답니다. 한 번쯤 살아 생전에 죽기 전 남기고 정리해야 할 것이 무엇인 지 살펴보는 시간이 있었으면 하네요.

존엄한 죽음

1. 존엄한 죽음

육체적으로 편안한 죽음. 정신적으로 고통과 상처를 치유하고 마음에 걸림이 없이 임종을 맞이 하는것.

2. 존엄하지 못한 죽음

육체적으로 고통속에 죽음을 맞이하는것. 정신적으로 고통과 원한과 상처를 남김.

3. 무의미한 연명치료

육체적으로 심폐소생술, 인공호흡기등으로 불필요한 고통을 임종환자에게 가중시킴. 정신적으로 임종을 앞둔 2-3개월의 귀중한 시간을 연명장치에 의존하여 응급실과 중환자실을 오가며 시간을 보내다가 임종을 맞이 함. 따라서 환자의 일생에서 발생한 상처를 대화를 통하여 풀고 갈 기회를 박탈함.

4. 안락사

생명유지에 필수적인 영양공급, 약물투여를 중단하여 의도적으로 삶을 중단하는것을 말하는것으로, 도태의 목적이 있는것. 이는 질병에 의한 자연적 죽음이 아닌것임. 우리나라에서는 전혀 고려되지 않음.

5. 존엄사

말기환자가 돌이킬 수 없는 죽음이 임박했을때 생명을 연장하거나 환자의 삶의 질을 향상시키지 못하는등, 의학적으로 무의미하다고 판단된 연명치료를 중단하는것. 이때 죽음은 치료의 중단으로 결코 생명이 단축 되는것이 아니라 치료가 불가능한 질병에 의한 자연적인 결과이다.

6. 자연사

안락사 아닌것은 모두 자연사(의료현장에서 진정한 의미의 자연사는 없다고함. 어떤 형태로든 의료의 개입을 피할 수 없다). 회생 가능한 환자를 아무런 치료를 받지 않고 임종을 맞이하는것을 자연사라고 할 때 사회적으로 큰 혼란이 올 수 있다.

** 존엄사를 결정할 때 경제적인 문제가 영향을 미치지 못하게 사회보장제도를 강화할 필요가 있다고 본다. 왜냐하면 소생 가능성이 있지만 경제적 이유로 가족이 병원에 모시고 오지 않는 경우는 없어야 하기 때문이다.

** 결론적으로 존엄한 죽음이란, 말기환자들이 고통과 통증의 공포에서 벗어나 가족들의 따뜻한 손길을 느끼면서 편안하게 임종을 맞이할 수 있도록 해주는 일이라 생각된다.

7. 사전의료지시서(Living Will)

삶의 질이 향상됨과 동시에, 삶의 다른 한쪽인 죽음의 실도 향상되어야 한다. 이제 죽음도 내가 결정하는 단계에 이르고 있다.

존엄사의 대법원 판결도 평소 환자의 가치관을 인정한 판결이다. 자기 결정권으로 인정될 경우, 연명치료의 중단이 허용될 수 있다. 즉 의사의 기술적 판단보다 우선한 판결이다. 의료지시서의 양식은 특별히 정한 양식은 없다. 다만 자기의 의사가 확인된 것임을 증명하면 되는데, 반드시 공증인 확인을 받을 필요는 없으며, 의식이 있을 때 의사의 확인 서명만으로 충분히 효력을 발생할 수 있는 것이다.

한 번 가는 인생 마무리는 존엄하기를 기도해야 겠습니다. 그러기 위해 사전 지식을 갖추고 가족과의 유대관계나 병원과의 신뢰를 바탕으로 모든 일이 원만하게 처리되는 것이 존엄함을 유지하여 줄 수가 있네요.

몽생미셸 수도원을 다녀와서..

몽생미셸 수도원은 파리 시내에서 차로 달려 노르망디 해안을 지나 약 8시간이 걸리는 곳에 위치하고 있는 바닷속 암벽에 돌로 만들어 논 천연 요새의 역할을 할 수 있는 수도원이다.

아주 멀리서도 첨탑이 보일 정도롤 높은 곳에 위치하고 있어서 이곳의 지리를 잘 알고 있는 가이드를 만나면 다양한 장소에서 양들이 풀을 뜯고 있는 평온한 배경을 뒤로하고 수도원이 들어오게 전신촬영을 할 수가 있다. 이곳은 바다 속 암석 위에 세워진 건축물로서 밀물과 썰물이 일어나는 곳이다. 아침 시간이면 물이 빠져 있어 바닷가로 내려가 아무도 밟지 않은 백사장을 사랑의 밀어를 나누며 걸을 수가 있다. 오후 3-4시가 되면 물이 차올라 주위가 바닷물로 출렁거린다. 이때는 시간에 맞추어 수도원에서 나와야 한다. 만약 시간이 좀 더 지체가 되면 출입구가 바닷물로 차 버려서 나올 수가 없게 된다. 바닷 속의 굳건한 수도원이 바로 이곳이다.

이곳은 영국의 침입으로 부터 보호하기 위한 방어요새이기도 하다. 영국에서 최단거리로 프랑스에 침입할 수 있는 곳이어서 그렇다. 건물들이 견고하기 이를데가 없고 각 실 마다 벽의 두께가 상상을 초월할 정도로 두텁다. 느낌으론 족히 1미터 정도가 되지 않나 생각이 들 정도다.

벽면에는 노틀담 성당 바깥 장식처럼 잡물의 동물 형상이 잘 새겨져 수도원을 호위하고 있는 것 같다. 계단을 따라 수도원 안으로 진입하는 초입에는 레스토랑, 와인샵 ,호텔, 기념품 가게 등이 빼곡히 들어서 관광객을 불러들이고 있다. 언제나 방문객이 많아서 초입은 정말 말 그대로 인산인해다. 수도원으로 올라가는 길이나 계단은 앞사람의 뒷모습만 보고 올라갈 정도로 많다. 파리 중심지에서 멀리 떨어진 바다 한가운데의 이 수도원이 이렇게 많은 사람을 불러 모으는 마력은 어디에 있는지? 성(캐슬)이 많기로 유명한 프랑스에서 말이다.

계단을 따라 올라가며 펼쳐지는 주위의 광경은 답답한 마음을 훤하니 뚫어주는 지평선, 수평선과 맞닿은 광경을 연출하는 데 수평선이나 지평선과 맞닿은 하늘은 형형색색의 구름 마술을 보여 준다. 유럽 하늘은 가는 곳 마다 항상 너무 낮게 다가온다. 그 중에서도 이곳은 더욱 그러하다. 특히 저녁 낙조를 받는 하늘의 장관은 황홀함의 극치인 장관으로 이끌어 준다. 석양지의 하늘은 라파엘로의 그림에 나오는 기기묘묘한 뭉게구름의 쇼와 같이 상상의 나래를 끝없이 펼쳐지게 부채질 한다. 그 사이로 밀려오는 바닷물은 은빛낙조를 자아내고 집 떠난 새들이 저녁이 되어 하늘을 까맣게 덮으며 편대를 이루어 찾아 들 때면 몽생미셸은 영광의 축복 속에서 그를 보는 사람은 감동으로 목이 메인다. 마지막 남은 석양의 빛줄기가 그렇게 황홀하게 비추임을 보면 할 말을 모두 잊어버린다. 상상을 초월할 정도로 한 번에 수백 수천 마리가 해지기 전부터 해가 완전히 떨어질 때까지 거의 한 시간 동안 하늘에서 바다로 내려 앉는 데 그 수가 족히 수십만 마리는 되리라 본다. 이 또한 몽생미셸이 자신을 찾아 온 방문객에게 선사하는 자연의 선물이다. 석양의 하늘은 파스텔조의 푸근함과 아련함, 이국의 정취, 삶의 감사함을 안겨 주는 모습들로 시시때때로 나타나며 최고 절정은 해가 막 넘어갈 무렵 정문 왼쪽 바다 멀리 육지와 맞닿아 있는 포플라 숲 나뭇닢 사이사이로 마지막 햇살을 바다로 쏟아 부으며 명멸해 갈 때이다. 이 순간 정말 '힘들었지만 잘 왔어! 행복! 그 자체이다.

계단을 따라 올라 정상에 이르면 튼튼한 대리석 바닥을 마주하게 되며 끝없는 수평선과 지평선이 펼쳐진다. 말로 형언할 수 없는 국치의 장관이다. 내가 없고 너가 없는 자연과의 합일 상태의 카타르시스를 안겨 주는 곳이다. 광경에 취해 감상에 젖어 있다 문득 정신을 차리고 발밑을 보면 바닥대리석 마다 숫자들이 기록되어 있는 것을 볼 수가 있다. 이 숫자가 의미하는 것은 과연 무엇일까? 가이드의 말을 빌어보면 작업자의 작업한 표시를 나타내서 일한 만큼의 급료를 지불하기 위해서 새겨 놓은 것이라는 말이 있다. 이 높고 커다란 수도원을 쌓기 위해서 얼마나 많은 인부들이 동원되었을까? 그리고 그들은 얼마나 열성있게 일을 했을까? 추위와 바닷바람과 싸워 가면서 너무나 힘든 일을 하다 보니 치열한 생존경쟁이나 서바이벌한 싸움이 그 가운데는 늘 말없이 상존하고 있지 않았을까? 감독관은 그것을 통제하기 위하여 개인의 고유번호를 대리석마다 새겨 놓게 하고 그것으로 일한 양의 성실성을 평가하고 상응하는 급료를 지급할 수 밖에 없지 않았을까? 생각을 해 보면 역사적인 문화유산 위에 뼈아픈 역사가 숨어 있음을 간과하지 않을 수가 없게 된다.

대리석으로 만들어진 기도실이 너무 큰 반면에 창문들은 적의 위협이나 수도사의 탈출을 방지하기 위해서 인지 조그만 하다. 그래서 대체로 방이 컴컴하며 정신을 모으고 집중하기에는 안성맞춤이란 생각이 든다. 반면에 가을에 접어들면서 일조량이 떨어지고 한겨울 지나 늦봄이 올 때 까지 그 추위는 이루 말 할 수가 없었을 것이다. 그래서 벽난로를 크게 만들어 설치해 두었는데 연기를 뿜어 올리는 기둥이 과장해 하늘에 맞닿아 있을 정도로 높다.

이곳의 또 아름다운 곳은 '하늘 정원' 이다. 옥상에 자그마한 정원을 만들어 놓았는데 정원 둘레 기둥의 섬세한 조각과 대칭적으로 교차되는 아름다움이 이루 말할 수 없다. 이곳은 바다를 향해 앉아 포즈를 취하고 사진을 찍으면 찍는 대로, 기둥 사이에 몸이 들어가게 하여 사진을 찍으면 찍는 대로 명작이 탄생되는 아주 멋진 곳이다. 첨탑에는 황금색 장닭이 빛을 받아 황금햇살을 뿜어대고 있다. (미카엘 천사의 상이 만들어진 첨탑?)첨탑을 올려 보면 오랜 세월 세파에 젖은 고색창연한 성벽이 햇살을 받아 이루 형언할 수 없는 고태미를 한껏 발하고 있다.

시간을 잘 맞추어 바닷물의 간조와 때를 맞추면 내려오는 길 또한 장관이다. 서서히 바닷물이 수도원을 감싸며 차오르는 모습은 무어라고 할까 신화에 나오는 큰 봉새가 막 하늘로 비상하는 모습이라고나 할까? 바닷물이 차오르면 몽생미셸은 또 다른 하나의 신화를 탄생시키는 모습을 잉태한다. 또 다른 주옥같은 광경은 석양이 지며 수도원 전신의 모습을 서서히 밀려오는 바닷물에 투영시켜 찰랑거리는 모래살 위에 수도원 전경이 은은하게 수놓아 질 때이다. 너무나 아름다운 풍경이 될 것이라는 것을 건축할 때 미리 알아서 인지 이곳에는 전망대가 잘 조성되어 있다. 물이 차오르면 이때부터 하나 둘 요트나 작은 배 들이 성벽

주위에 떠다니기 시작한다. 그러면 몽생미셸 수도원 안의 방문은 마지막을 향하게 되며 정문 입구에 물이 차 오르기 전에 빠져 나와야 한다.

여기서 이야기가 끝나는 것이 아니다.

몽생미셸 수도원 밖으로 나와서 또 다른 한 편의 연출을 떠오르는 달빛을 응시하며 기다려야 다음에 나타날 몽생미셸의 황홀경에 젖어 몽생미셸 전편을 다 보게되며 그것이 '살아 있는 이국 여행객의 전설'이 되는 것이다. 기다린 것은 달빛만이 교교히 흐르는 밤이 깊어 가는 밤8시 경 수도원 1층부터 차례대로 하나둘 불 밝혀지는 야경이다. 마지막 첨탑에 불이 들어오면 한 폭의 대장엄의 서사시를 먼 이국 바닷 속에서 맞이하게 된다. 한마디로 넋을 빼 놓게 된다. 이 장면을 보기 위해 밤바람을 마주하고 오돌오돌 떨면서 수 시간을 기다린 것이다. 그렇다 아름다움에는 희생되는 모든 것이 아깝지 않는 전설이 탄생된다. 그 전설은 우리가 사라진 다음에도 주절이 주절이 전승되어 질뿐이다.

PS. 기존있는 도로가 바닷물에 자꾸 침식이 되어져서 정문 왼편으로 새로운 길을 만드는 작업을 하고 있어 향후에 또 다른 몽생미셸의 일신한 모습이 기다려진다.

Epilogue Ⅰ

삶은 참 단순하기도 하고 복잡하기도 하다. 이렇게 해도 정답이 되고 저렇게 해도 정답이 될 수도 있는 것이 삶이다.

가고자 해서 갈 수도 있지만 그러하지 않아도 가는 것이 인생이다.

움켜지면 처음에는 움켜쥐어 지지만 시간이 지나면 모래처럼 다 빠져 나가는 것이 인생이기도 하다.

누가 아니 고명한 철학자, 종교가가 인생을 논할 때 참 진지하기도 했지만 세월이 지나 경험치가 늘어남에 따라 이론 학술적인 것이 사치하고 가슴에 와 닿는 것이 점차 멀어지는 감을 느낀다.

삶에 반드시 있는 것이 생, 노, 병, 사가 아니던가?

길다면 한없이 길지만 돌아와 생각해 보면 참 허망할 정도로 짧은 것이 또한 인생이다.

곁에 평생 같이하리라고 생각했던 피붓이와 지인들이 하나 둘 떠나고 병이들어 고통과 신음 속에서 방황하고 인생의 의미를 채 깨닫기도 전에 찾아온 삶의 고통은 천지자연 조물주라 해도 어루만져 줄 수 없는 암담함 속에 하루하루를 병원틀 속에 갇혀 지독한 병마와 이기기 위한 투약으로 삶이 병 인양 살아가는 인생도 자꾸 세월이 흘러가며 많이도 보아오고 있다.

답은 없는 것인가?

태양아래 변하지 않는 것은 하나도 없듯이 생, 노, 사는 피할 수 없는, 형상을 지닌 자연물의 과정이지만 병 만은 지혜를 지닌 인간의 이름으로 어느 정도 줄이거나 느끼지 않고 하늘이 준 명이 다하는 순간까지 맞이하지 않는 삶을 살 수는 없을까? 고민하면서 20여 년 간 모은 자료를 재구성하여 구름을 뚫고 한 줄기 빛으로, 몸과 마음이 허전하고 아픈 생명에 따사로움을 전하는 심정으로, 스승이 인생의 굴곡진 길 떠난 제자들에게 받은 순수한 사랑의 마음을 흰백이 된 나이에 되돌려 주는 심정으로 발간을 꿈꾼 결실이다.

마음과 마음이 소통하고 서로를 보듬으며 배려하고 좋은 것만을 들려주려고 하는 것은 청량한 법문과도 같다. 삶을 살아오면서 음양으로 받은 숭고하고 지고한 사랑을 이 짧은 글로서 보답할 수가 있다면 아름다운 향기가 온 우주에 스며 다음 생을 함께 꿈꾸어 볼 수가 있을 것이다. 감사할 따름이다.

이 글은 학생 훈화용으로 사용하기 위해 20여 년간 인터넷, 책, 잡지 등에 실려 있던 것을 발췌해 모으고 본인의 생각을 멘트로 정리한 글이다.

저자가 밝혀진 글은 인용한 책과 저자명을 본서에 실었고 이름이나 저서가 없는 글은 파일철에 흩어져 있던 것을 다시 모아 본인이 멘트를 가미해 책을 간행하기로 결심하고 몽셀미셀 수도원 수도사들의 고행을 전해 듣고 직접 보면서 수도원의 낮과 밤, 밀물과 썰물 때의 광경을 지켜보며 생에 대한 고행의 생동감있는 현장의 생의 밀어를 사진과 접목시켜 고해의 삶에 지친 모든이들에게 의미를 전해주는 계기가 되었으면 하는 소명감을 온몸으로 느껴 햇볕을 보게된 책이다.

독자들의 곤한 삶에 향기를 전하는 잠언이 되기를 염원해 본다.

2012년 4월

청 제 강 대 환

몽생미셸에서 실려온 생의 찬미

글 · 사진 | 강대환
초판 발행 | 2012년 4월 10일

발 행 인 | 문상필
북디자인 | 이한솔
펴 낸 곳 | 주식회사 애니빅
주 소 | 서울시 영등포구 문래동1가 센터플러스 601호 (150-091)
대표전화 | 02-2164-3840 팩스 | 02-6209-7749
홈페이지 | www.anibig.com
이 메 일 | 0221643840@hanmail.net
출판등록 | 제318-2008-00010호

가격 15,000원

ISBN 978-89-97617-08-1 03800